Anne Buscha ◆ Szilvia Szita

Begegnungen
Deutsch als Fremdsprache

Lehrerhandbuch
Sprachniveau B1⁺

3., veränderte Auflage

Mit Zeichnungen von Jean-Marc Deltorn

SCHUBERT-Verlag
Leipzig

Die Autorinnen von **Begegnungen** sind Lehrerinnen am Goethe-Institut Niederlande und verfügen über langjährige Erfahrungen in Deutschkursen für fremdsprachige Lerner.

Bitte beachten Sie unser Internet-Angebot mit zusätzlichen Aufgaben und Übungen zum Lehrwerk unter:

www.aufgaben.schubert-verlag.de

Zeichnungen: Jean-Marc Deltorn
Layout und Satz: Diana Becker

© SCHUBERT-Verlag, Leipzig
3., veränd. Auflage 2013
Alle Rechte vorbehalten
Printed in Germany
ISBN: 978-3-941323-21-6

Begegnungen B1⁺

Begegnungen B1$^+$

Zu Begegnungen B1$^+$ stehen kostenlose Zusatzmaterialien für die Arbeit am Whiteboard/Smartboard zur Verfügung.

Die Materialien finden Sie unter: *www.schubert-verlag.de/b1_whiteboard.php*.

Allgemeine Hinweise zur Arbeit mit Begegnungen B1⁺

Vorbemerkungen zum Buch

Begegnungen B1⁺ ist ein modernes und kommunikatives Lehrwerk. Es richtet sich an erwachsene Lerner, die auf schnelle und effektive Weise Deutsch lernen möchten. Das Lehrbuch berücksichtigt die sprachlichen, inhaltlichen und intellektuellen Anforderungen erwachsener Lerner auf dem Niveau B1 des Europäischen Referenzrahmens für Sprachen.

Die Konzeption des Lehr- und Arbeitsbuches geht von folgenden Eckpunkten aus:

- logischer und klar strukturierter **Aufbau**, der den Lernenden einen selbstständigen und einfachen Umgang mit dem Lehrstoff ermöglicht,
- **Progression**, die erwachsenen Lernern angemessen ist und in Verbindung mit einem durchdachten Wiederholungssystem einen schnellen und zugleich nachhaltigen Lernerfolg sichert,
- interessante **Themen**, die sich an der Erfahrungswelt erwachsener Deutschlerner orientieren und auch die Interessen außerhalb Deutschlands lebender Sprachlerner einbeziehen,
- enge Verbindung von konzentrierter **Grammatik- und Wortschatzarbeit**, die eine bewusste und eigenständige Arbeit der Lernenden fördert,
- zielgerichtete Einbindung von für erwachsene Lerner wesentlichen und interessanten **landeskundlichen Informationen** in den Lernstoff,
- ausgewogene Entwicklung **produktiver und rezeptiver Sprachfähigkeiten** unter Einbeziehung anspruchsvoller, aber dem Sprachniveau angepasster Lese- und Hörtexte,
- **Integration von Kurs- und Arbeitsbuch** in einem Band zur Förderung bewusster, zielgerichteter und effektiver Lernarbeit.

Lehrerinnen und Lehrer sind motiviert und intelligent – Kursteilnehmerinnen und Kursteilnehmer sind es auch. Sie sollten sich nicht unterfordert fühlen und auf gar keinen Fall im Deutschunterricht langweilen.

Zur Unterstützung einer abwechslungsreichen und lernorientierten Gestaltung des Unterrichts sind in diesem Buch zusammengestellt:

- **unterrichtspraktische Hinweise**: Da die Aufgaben und Themen so strukturiert sind, dass sowohl der Lehrer als auch der Lerner jeden Schritt nachvollziehen kann, bieten wir in diesem Teil vor allem mögliche weiterführende, einleitende oder überleitende Fragen und Übungen an. Außerdem sind wir davon überzeugt, dass der Lehrer vor Ort am besten weiß, wie er in seiner konkreten Unterrichtssituation vorgehen sollte.
- zahlreiche **Arbeitsblätter**, die eine erhebliche Reduzierung der Vorbereitungszeit des Lehrers ermöglichen und als Kopiervorlagen genutzt werden können.

Unterrichtspraktische Hinweise

1. Allgemeine Hinweise

   Die unterrichtspraktischen Hinweise beinhalten Vorschläge zur Arbeit mit einzelnen Aufgaben des Buches und mit den Kopiervorlagen sowie für weiterführende Übungen und Hausaufgaben.

   Das Lehrbuch **Begegnungen B1⁺** umfasst insgesamt **acht Kapitel**, die jeweils in die **Teile A** (Kernprogramm), **B** (fakultatives Zusatzangebot), **C** (Grammatik- und Wortschatzübungen) und **D** (Redemittel und Evaluation) unterteilt sind.

   Das Lehrerhandbuch konzentriert sich auf das Kernprogramm im **Teil A,** dem jeweils die Übungen zu Grammatik und Wortschatz (**Teil C**) zugeordnet werden. Sie finden also die Verweise auf den grammatisch-lexikalischen Übungsteil unter den Hinweisen zum Kernprogramm.

2. Fakultativer Teil B

Der fakultative **Teil B** (Wissenswertes) ist für sehr interessierte Lerner gedacht, die schon auf dem Niveau B1 mehr wissen und lernen wollen, als es die Niveaubeschreibung im Europäischen Referenzrahmen vorsieht.

Die Kursteilnehmer, die sich mit diesem Teil (als Hausaufgabe) auseinandergesetzt haben, können den Inhalt der Lesetexte im Plenum wiedergeben. Sie können auch einige nützliche Wörter oder Ausdrücke an die Tafel schreiben und ihre Bedeutung auf Deutsch oder in der Muttersprache erklären.

3. Teil D

Als schnelle und effiziente Wiederholung für die Redemittel und die Verben von **Teil D** eignen sich unter anderem folgende Übungen:

Wiederholungsübung für die Redemittel

Wenn die Kursteilnehmer dieselbe Muttersprache haben, können sie die Redemittel in dieser Sprache auf kleine Karten schreiben. Auf jeder Karte sollten mindestens drei bis vier Sätze stehen, eventuell mit ihrer deutschen Übersetzung auf der Rückseite. Am Anfang der Unterrichtsstunde zieht jeder Kursteilnehmer eine Karte und übersetzt die Sätze ins Deutsche. (Der Kursleiter kann entscheiden, ob er alle oder nur bestimmte Karten einsetzt.)

Wiederholungsübung für die Verben

Der Kursleiter schreibt einige Verben aus der Verbliste an die Tafel. Die Teilnehmer sammeln möglichst viele passende Nomen (eventuell als Wettbewerb).
Zu jedem Kapitel gehört auch ein Arbeitsblatt mit einer ähnlichen Aufgabe (Grammatik- und Wortschatztraining), das zusätzlich eingesetzt werden kann.

Allgemeine Tipps für den Unterricht

1. Korrektur nach Dialog/Vortrag

Nach unserer Erfahrung wollen erwachsene Lerner möglichst oft korrigiert werden. Um die Diskussion oder den Kurzvortrag nicht unterbrechen zu müssen, kann die Fehlerkorrektur z. B. folgendermaßen durchgeführt werden:

1. Notieren Sie sich die fehlerhaften Ausdrücke während der Dialogarbeit/des Vortrags.
2. Schreiben Sie dann die fehlerhaften Ausdrücke an die Tafel und lassen Sie die Stelle des Fehlers leer, z. B.: *Ich bin in d Wohnung. Er arbeit als Lehrer.*
3. Bitten Sie die Kursteilnehmer, den Satz zu ergänzen. (Auf diese Weise wird die Wiederholung von falschen Sätzen vermieden.)

2. Korrektur per E-Mail

Sofern die Lerner Hausaufgaben und Übungen per E-Mail an den Kursleiter übermitteln, sollte eine effiziente Methode zur übersichtlichen Fehlerkorrektur verwendet werden. Dafür eignet sich die Funktion „Änderungen (verfolgen)" moderner Textverarbeitungsprogramme (Word, OpenOffice Writer) besonders gut. Dabei werden die vom Kursleiter durchzuführenden Korrekturen in einer anderen Farbe ins Ursprungsdokument eingetragen (ohne es endgültig zu ändern), so dass der Lerner die Änderungen genau verfolgen kann. Nach Rücksendung kann der Lernende die korrekten Lösungen speichern und den Text/die Übung später zur Wiederholung bzw. Prüfungsvorbereitung nutzen.
Wenn diese Korrekturmethode zu steril erscheint, besteht auch die Möglichkeit, den Aufsatz des Lerners zweimal hintereinander in ein Dokument zu kopieren und nur den zweiten Text zu korrigieren. Der Lerner hat so seinen ursprünglichen und den korrigierten Text übersichtlich beieinander; der Kursleiter kann die Korrektur individuell gestalten und dabei weiterführende Hinweise für die Lernarbeit geben.

3. Korrektur der Aussprache

Die Aussprache der Lerner sollte auch auf diesem Sprachniveau konsequent korrigiert werden. Greifen Sie dabei nach Möglichkeit auf Wörter zurück, mit deren Aussprache die Schüler vertraut sind. Beispielsweise könnte das Wort *Fußball* zur Übung der ß- und u-Laute, und das Wort *Deutsch* zur Übung der eu- und tsch-Laute benutzt werden.

Dieser Band von **Begegnungen** enthält im Gegensatz zu den früheren keine Übungen zum gezielten Aussprachetraining, da auf diesem Niveau jeder Lese- und Hörtext zur Wiederholung bestimmter phonetischer Aspekte der deutschen Sprache eingesetzt werden kann. Im Lehrerhandbuch finden Sie zu jedem Kapitel ein oder mehrere Tipps, welche Texte zu diesem Zweck besonders geeignet sind und mit welchen Phonetik-übungen aus den früheren Bänden diese kombiniert werden können.

4. Arbeit in Zweiergruppen: einen Gesprächspartner finden

In den Lehrerhandbüchern zu **Begegnungen A1⁺** und **A2⁺** befinden sich Karten, mit deren Hilfe die Kursteilnehmer ihre Gesprächspartner für die Kleingruppendiskussionen finden können.

Zwar enthält das Lehrerhandbuch zu diesem Band keine solchen Karten, aber Sie können jederzeit spielerische Mittel einsetzen, die die Gestaltung der Kleingruppen dem Zufall überlassen und an das Kapitel thematisch anknüpfen. So kann z. B. jeder pünktliche Kursteilnehmer mit einem unpünktlichen eine Kleingruppe zu einer Übung des Kapitels 1 bilden, oder es können Kursteilnehmer mit Berufen, deren Anfangsbuchstaben A–D, E–K, L–S usw. sind, eine Aufgabe in Kapitel 2 zusammen lösen. Der Kursleiter kann auch kleine Karten vorbereiten, auf denen zum Beispiel die Hälfte eines zusammengesetzten Wortes, einer Nomen-Verb-Verbindung oder eines Satzes aus einem Lesetext steht. Die Kursteilnehmer finden ihre Gesprächspartner über die passende Wort- oder Ausdruckshälfte.

5. Variationen zur Textbearbeitung

Um das Selbstlernen zu ermöglichen, sind im Kursbuch alle Lesetexte mit den gleichen Anweisungen versehen: Die Kursteilnehmer sollen den Text lesen bzw. hören und anschließend einige Aufgaben zum Textverstehen lösen. Um die Textbearbeitung im Unterricht abwechslungsreicher zu gestalten, können Sie beispielsweise folgende Übungen benutzen:

1. Spielen Sie den Text zweimal vor und bitten Sie die Kursteilnehmer, sich Notizen zum Textinhalt zu machen. Anhand dieser soll die Lerngruppe den Textinhalt wiedergeben. Danach wird der Text noch einmal angehört. Auf diese Weise können die Kursteilnehmer ihr Hörverstehen verbessern.

2. Schreiben Sie einige Fragen zum Textinhalt an die Tafel und spielen Sie den Hörtext zweimal vor. Die Kursteilnehmer sollen sich die Antworten auf die Fragen notieren.

3. Kopieren Sie den Text und zerschneiden Sie ihn in Absätze oder kleinere Einheiten. Jeder Kursteilnehmer bekommt einen Textteil. Die Kursteilnehmer sollen im Plenum die Abschnitte in der richtigen Reihenfolge vorlesen. Auf diese Weise macht sich jeder Kursteilnehmer mit einem Abschnitt vertraut, bevor der ganze Text gelesen und gehört wird. Die Lösungen werden mit der CD oder dem Kursbuch überprüft.

4. Kopieren Sie den Text für jede Kleingruppe einmal und zerschneiden Sie ihn in Abschnitte oder kleinere Einheiten. Geben Sie jeder Kleingruppe alle Teile des Textes, die Gruppen sollen den Text zusammenstellen. Die Lösungen werden mit der CD oder dem Kursbuch überprüft.

5. Die Kursteilnehmer bilden Zweier- oder Dreiergruppen. Jeder in der Kleingruppe liest nur einen Teil des Textes und gibt den Mitgliedern seiner Gruppe die gelesenen Informationen weiter. Auf diese Weise wird der Wortschatz des Textes schon in der ersten Phase des Textverstehens aktiv gebraucht.

6. Nachdem die Kursteilnehmer den Text gelesen und die zugehörigen Übungen erledigt haben, spielen Sie einige Sätze vor oder lesen Sie diese vor. Bitten Sie dann die Kursteilnehmer, die Sätze zu wiederholen. Diese Aufgabe dient zur Schulung der Aussprache und zum Einüben der Satzmelodie.

7. Lesen Sie den Text vor und machen Sie dabei absichtlich einige „Fehler" (z. B. sagen Sie statt *Arbeitgeber Arbeitnehmer*, statt *geben leben* usw.). Die Kursteilnehmer sollen Sie korrigieren. Neben der Vertiefung des Wortschatzes schult diese Übung auch die Hörfertigkeit.

8. Die Kursteilnehmer bilden Kleingruppen. Jede Kleingruppe bekommt eine andere Aufgabe: Gruppe 1 soll beim Lesen oder Hören die wichtigen Verben aus dem Text notieren, Gruppe 2 schreibt sich die Nomen auf, Gruppe 3 die Adjektive und Gruppe 4 alle themenbezogenen Wörter. Schreiben Sie dann die gesammelten Wörter an die Tafel und bitten Sie die Kursteilnehmer, den Text möglichst genau nachzuerzählen.

9. Bitten Sie Ihre Kursteilnehmer, die (neuen) Nomen aus dem Lesetext nach dem Genus zu ordnen (in drei Spalten im Heft). Das kann bei der Einprägung der Artikel sehr hilfreich sein.

6. Mit Wörtern spielen

Viele bekannte Wortspiele kann man im Unterricht effizient einsetzen, z. B. können Sie mit Ihren Kursteilnehmern Scrabble oder Activity spielen oder sie bitten, Wörter mit einem bestimmten Anfangsbuchstaben zu sammeln, mit dem Endbuchstaben eines Wortes ein neues Wort zu bilden, in einem vorgegebenen Satz der Reihe nach ein Wort zu verändern, Synonyme oder Antonyme zu sammeln. Das Spiel *Ich packe meinen Koffer* eignet sich auch sehr gut, wenn man den Wortschatz eines Themas wiederholen möchte.

7. Mit Muttersprachlern im deutschsprachigen Umfeld üben

Wenn die Kursteilnehmer deutschsprachige Freunde haben, dann können sie diese Personen ab und an zu einem Thema mündlich oder schriftlich befragen und über die Ergebnisse im Kurs berichten.

Wenn der Kurs in einem deutschsprachigen Land stattfindet, kann man viele Situationen gleich im muttersprachlichen Umfeld üben. So können die Kursteilnehmer beispielsweise eine Ausstellung besuchen, in eine Buchhandlung gehen oder eine ausgewählte Fernsehsendung/einen Kinofilm anschauen.

8. Online-Aufgaben unter www.aufgaben.schubert-verlag.de

Hier ist ergänzendes Übungs- und Lernmaterial zum Lehrbuch zusammengestellt. Neben Übungen, die die Lerner online ausführen können, sind hier auch weitere Arbeitsblätter zu finden. Daneben gibt es Internet-Suchaufträge, durch die die Einbeziehung aktueller Informationen zum Buch gefördert und eine kreative, weiterführende Beschäftigung der Lernenden mit deutschsprachigem Material unterstützt wird.

Die Materialien können als Ergänzung zum Unterricht oder für die außerunterrichtliche Beschäftigung der Kursteilnehmer mit der deutschen Sprache eingesetzt werden. Der Kursleiter ist so – in Verbindung mit der Nutzung der in diesem Buch abgedruckten Arbeitsblätter – in der Lage, ein auf den Sprachstand seiner Gruppe bzw. der einzelnen Teilnehmer genau abgestimmtes zusätzliches Übungsangebot einzusetzen.

Arbeitsblätter

Das Lehrerhandbuch enthält zu jedem Kapitel:

- **sechs bis sieben kommunikationsorientierte Arbeitsblätter zu Teil A**, die der interaktiven Vertiefung von Wortschatz und Grammatik dienen (Rollenspiele, Wechselspiele, Karten, Dialoggerüste usw.),
- ein Arbeitsblatt, das die neu eingeführte **Grammatik mit Wortschatztraining** kombiniert (auch zur Wiederholung einsetzbar),
- einen **Wiederholungstest** (außer Kapitel 8),
- eine **Vorbereitungsübung** auf ein Modul der **Prüfung „Zertifikat B1"**.

Außerdem können zahlreiche Arbeitsblätter aus den früheren Lehrerhandbüchern zur Grammatik- und Wortschatzwiederholung eingesetzt werden.

Methodische Hinweise zu den einzelnen Kapiteln

KL = Kursleiter   KT = Kursteilnehmer   Aus Platzgründen wird nur die männliche Form verwendet.

Kapitel 1

A1
1. Um eine positive Atmosphäre zu schaffen, kann KL am Anfang folgende Frage stellen: *Wie lange lernen Sie schon Deutsch?*
2. KT beantworten die Frage, KL zählt die Jahre zusammen und sagt z. B.: *Insgesamt lernen Sie seit 25 Jahren Deutsch. Mit so viel Erfahrung werden Sie sich bestimmt gegenseitig helfen können* o. ä.

Vorstellungsrunde:
1. KT beantworten die Fragen in A1a in Zweiergruppen oder im Plenum.
2. In Teil b sollte das Ziel sein, die Fragen möglichst ausführlich zu beantworten.
3. Die interessanten Informationen werden im Plenum vorgestellt.

Arbeitsblatt 1: Was für ein Mensch sind Sie?

Wortschatz: Adjektive, Angaben zur Person
Grammatik: Frage- und Aussagesätze, Konjugation im Präsens

1. KL teilt die Arbeitsblätter aus und erklärt die Aufgabe: Mithilfe dieser Fragen möchten wir uns besser kennenlernen.
2. Vor dem Beginn der Diskussion sollte die Intonation der Fragesätze wiederholt werden, s. dazu auch *Begegnungen A1⁺*: S. 10 (Satzmelodie).
3. KT bilden Zweiergruppen: KT 1 bekommt die Fragen A und KT 2 die Fragen B. Jeder beantwortet die Fragen für sich und stellt sie dann dem Gesprächspartner. Dabei können KT ggf. nach Gemeinsamkeiten oder Unterschieden suchen.
4. Die Informationen (oder nur die Gemeinsamkeiten/Unterschiede) werden im Plenum vorgestellt.

Variante:
1. Jeder bekommt alle Fragen und beantwortet diese zuerst für sich.
2. Danach bewegen KT sich frei im Raum, stellen einander die Fragen auf dem Arbeitsblatt und versuchen die Person zu finden, mit der sie die meisten Gemeinsamkeiten aufweisen.
3. Die Paare stellen die Gemeinsamkeiten im Plenum vor.

A2
1. Lese- und Hörtext zu Personen und Tätigkeiten, Anweisungen im Buch (Plenum und Einzelarbeit)
2. Anschließend kann KL zwei KT bitten, sich im Namen der Personen im Hörtext vorzustellen. Variationen zur Textbearbeitung finden Sie auf S. 6.
3. Aufgabe b wird im Plenum gelöst.

Mögliche weiterführende Übung:
Nachdem Aufgabe b gelöst worden ist, bilden KT Zweiergruppen. Sie lesen der Reihe nach die Sätze der Übung vor, ohne das Verb zu sagen. Der Nachbar ergänzt das fehlende Verb.

A3
1. KT ordnen in Einzelarbeit die Tätigkeiten der passenden Kategorie zu.
2. KT bilden Zweiergruppen, vergleichen ihre Listen und bitten den Gesprächspartner ggf. um Begründung seiner Meinung.
3. Die interessanten Informationen werden im Plenum vorgestellt.

A4
1. KL stellt im Plenum die folgende Frage: *Was haben Sie letzte Woche gemacht?*
2. KT diskutieren in Kleingruppen und erstellen dazu eine Liste, evtl. als Wettbewerb: Die Gruppe mit den meisten Wörtern darf das Spiel *Nennen Sie …* (s. Arbeitsblatt 2) beginnen.

Variante: *Ein … Moment der letzten Woche*
1. KL schreibt den Ausdruck *Ein … Moment der letzten Woche* und einige Adjektive (z. B. *schön, spannend, zeitverschwenderisch, frustrierend, glücklich, unglücklich, unvergesslich* usw.) an die Tafel. Er bittet die KT, über ein Ereignis der letzten Woche zu berichten und dazu ein passendes Adjektiv zu wählen.

2. Nach kurzer Vorbereitungszeit erzählt KT 1 etwas über seine Woche, z. B.: *Ein schöner Moment der letzten Woche war, als ich von meinem Freund eine lange E-Mail bekommen habe. Er hat geschrieben, dass … usw.*
3. Die Aufgabe endet, wenn jeder über einen Moment der letzten Woche berichtet hat.

A5
1. KT ergänzen die Fragen im Plenum und formulieren dabei die Regeln zur Bildung des Partizip Perfekt.
2. Anschließend beantworten sie die Fragen in Zweiergruppen.
3. Die interessanten Informationen werden im Plenum vorgestellt.

Grammatikübersicht und Übungen zu den Zeitformen: C1–6

Arbeitsblatt 2: Nennen Sie …

Wortschatz: Alltagstätigkeiten
Grammatik: Perfekt

1. KL kopiert das Spielbrett (evtl. vergrößert auf DIN A3-Format) und legt es auf einen freistehenden Tisch. In jedem Kästchen des Spielbretts steht eine Frage, auf die KT fünf verschiedene Antworten geben sollen.
2. KT bilden Kleingruppen, die der Reihe nach würfeln und die Frage auf dem jeweiligen Kästchen beantworten. Nur wenn mindestens vier der fünf Perfektformen richtig sind, darf die Kleingruppe auf dem Kästchen bleiben.
3. Die Kleingruppe, die zuerst das Ziel erreicht, gewinnt.
4. Nach dem Ende des Spiels kann die ganze Gruppe über die interessanten Informationen weiter diskutieren. (Um die Siegergruppe zu „belohnen", kann KL anbieten, dass sie den anderen Gruppen Fragen stellen darf.)

A6
1. Die Übung dient zur Vorentlastung des nachfolgenden Lesetextes.
2. Nach der Begriffsklärung (a) diskutieren die KT über Zeitverschwendung und die aufgeführten Tätigkeiten.
3. KT fassen die Diskussionsergebnisse im Plenum zusammen, am besten pro Gruppe ein oder zwei Tätigkeiten.
4. KT berichten über ihre eigene Zeitverschwendung. Diese Übung kann man am besten als Interview gestalten, indem jeder KT zwei oder drei andere KT befragt. Danach werden die interessantesten Informationen im Plenum gesammelt.

A7–10
1. Lese- und Hörtext sowie Aufgaben zum Thema „Haben Sie noch Zeit?", s. Anweisungen im Buch (Plenum und Einzelarbeit)
2. Um die Aussprache zu trainieren, können anschließend alle Wörter mit Umlaut im Plenum ausgesprochen werden, s. auch *Begegnungen A1⁺*: S. 64, 67, 95.
3. Anschließend kann KL KT bitten, die Artikel der Nomen im Lesetext anzugeben und, wo möglich, die Regel zu definieren. Variationen zur Textbearbeitung finden Sie auf S. 6.

Grammatikübersicht und Übungen zur Nomengruppe: C10–12

A8
1. Diese Übung eignet sich zur Vorbereitung auf das Zertifikat B1.
2. KT schreiben ca. 80 Wörter. Die Bearbeitungszeit sollte etwa 20 Minuten betragen.

Arbeitsblatt 3: Haben Sie noch Zeit?

Wortschatz: Alltagstätigkeiten, Wortschatz von A7
Grammatik: Konjugation, Verben mit präpositionalem Kasus

1. KL teilt die Arbeitsblätter aus und erklärt die Aufgabe: Das Arbeitsblatt enthält den Text A7 (CD 1.03) als Lückentext, in dem viele Verben fehlen. Die Anfangsbuchstaben der Verben sind vorgegeben.
2. KT arbeiten einzeln oder in Zweiergruppen und ergänzen den Text.
3. KT vergleichen ihre Lösungen mit dem Nachbarn, zum Schluss wird der Text im Plenum vorgelesen und korrigiert.

> 4. Zur Vertiefung der Verben mit präpositionalem Kasus kann KL abschließend einige Verben aus dem Text an die Tafel schreiben und KT bitten, die Präposition und den Kasus anzugeben, z. B.: *auf den Fahrstuhl (A) warten, an ein Beispiel (A) denken* usw.
>
> Variante:
>
> Selbstverständlich kann man das Arbeitsblatt auch als einfachen Lückentext einsetzen oder die oben beschriebene Aufgabe als Wettbewerb ausführen.

A11
1. Mithilfe der Übersicht auf S. 12 erklärt KL die Bedeutung und den Gebrauch der Verben mit präpositionalem Kasus.
2. KT beantworten danach die Fragen in A11 im Plenum oder in Kleingruppen. Wenn das im Plenum geschieht, dann sollte KL darauf bestehen, dass KT beim Beantworten der Fragen nicht ins Buch schauen.
3. KL kann das Konzept der Mischverben selbst erläutern oder KT bitten, dies zu tun.

Grammatikübersicht und Übungen zu Verben mit präpositionalem Kasus: C7–9

A12
1. KT beantworten die Fragen in Zweiergruppen.
2. Die Antworten werden im Plenum überprüft.

Variante:
1. KT bilden Dreier- oder Vierergruppen. (Die Kleingruppen müssen nicht unbedingt aus der gleichen Anzahl KT bestehen.) Eine Person in jeder Gruppe ist der Pressesprecher des Rockstars, mit dem die anderen Mitglieder der Kleingruppe (die „Journalisten") ein Interview machen dürfen.
2. Die Kleingruppen wählen sechs bis sieben Fragen aus A12 aus, die sie dem Pressesprecher stellen werden.
3. Die Pressesprecher setzen sich etwas weiter weg von der eigenen Kleingruppe. KT 1 aus jeder Kleingruppe geht zum eigenen Pressesprecher und stellt ihm die erste gewählte Frage. Der Pressesprecher beantwortet sie.
4. KT 1 kehrt zu seiner Gruppe zurück.
5. Jetzt stellt KT 2 dem Pressesprecher Frage 2. Während er diese Frage beantwortet, schreiben sich die anderen Mitglieder der Kleingruppe die erste Antwort des Pressesprechers auf. Sie sollten vor allem darauf achten, dass ihre Sätze grammatikalisch richtig sind.
6. Das Spiel geht so lange, bis die Pressesprecher alle Fragen beantwortet haben.
7. Die Antworten werden im Plenum kontrolliert. KL kann KT bitten, die Fehler der anderen Kleingruppen zu korrigieren.

A13
Die Aufgabe dient zur Vertiefung der Verben mit präpositionalem Kasus. Sie kann entweder in Zweiergruppen oder im Plenum gelöst werden.

Arbeitsblatt 4: Früher und jetzt

Wortschatz: Verben mit präpositionalem Kasus
Grammatik: Präsens und Perfekt

1. KL teilt die Kärtchen mit den Verben aus: Jeder kann eine oder mehrere davon bekommen.
2. Zuerst ergänzen KT die zum Verb gehörende Präposition und den Kasus. Die Lösungen werden im Plenum kontrolliert.
3. Danach kann KL z. B. folgende Frage stellen: *Wie war Ihr Leben früher und wie ist es jetzt?* und KT bitten, mit den Verben auf den eigenen Karten einen Vergleich zu bilden. (KT 1 mit der Karte *arbeiten* sagt z. B.: *Früher habe ich viel mehr gearbeitet als jetzt./Meine Eltern mussten mehr arbeiten als ich.* o. ä.)
4. Anschließend stellt KT 1 einem anderen KT eine Frage mit seinem Verb, z. B.: *Haben Sie früher mehr gearbeitet als jetzt?/Haben Ihre Eltern mehr gearbeitet als Sie?*
5. KT 2 beantwortet die Frage, bildet einen Satz mit dem eigenen Verb und stellt KT 3 eine Frage mit diesem Verb.
6. Das Spiel geht so lange, bis KT mit allen Verben Frage- und Aussagesätze gebildet haben.

A14   1. KL erläutert den Gebrauch von *gar/überhaupt* und *ganz* oder bittet KT, aus den Beispielen die Regeln zu erschließen.
2. Die Aufgabe A14b wird im Plenum oder in Einzelarbeit gelöst.
3. Zur Überleitung auf das nächste Thema kann KL z. B. folgende Frage stellen: *Finden Sie es persönlich ganz wichtig oder gar/überhaupt nicht wichtig, pünktlich zu sein?* KT beantworten die Frage mit einem ganzen Satz und begründen kurz ihre Einstellung.

A15   Kurztext, Diskussion und Wortschatzübung zum Thema „Pünktlichkeit und Unpünktlichkeit", s. Anweisungen im Buch (Plenum und Kleingruppenarbeit)

A16–17   1. KT füllen die Übersicht zur „inneren Uhr" in Kleingruppen aus.
2. Die Antworten werden mit dem Lösungsschlüssel überprüft.
3. Anhand der Übersicht auf S. 15 erläutert KL die Bedeutung der temporalen Präpositionen.
4. Anschließend wird A17 in Kleingruppen gelöst. Die interessanten Informationen werden im Plenum vorgestellt.

Mögliche weiterführende Übung:
1. KL schreibt die Präpositionen auf kleine Karten und legt sie auf einen freistehenden Tisch.
2. KT bilden mit einer gewählten Präposition einen Satz. Wenn der Satz grammatikalisch richtig ist, darf KT die Karte behalten.
3. Das Spiel geht so lange, bis KT mit allen Präpositionen einen Satz gebildet haben.

Grammatikübersicht und Übungen zu temporalen Präpositionen und Adverbien: C13–17

A18   1. Diese Übung eignet sich als Hausaufgabe.
2. Zur kombinierten Wiederholung der Vergangenheitsformen und der Temporalangaben eignet sich ggf. auch Arbeitsblatt 1 aus *Lehrerhandbuch A1$^+$,* Kapitel 5: Martins Tag (S. 107).
KT erzählen Martins Tagesablauf im Perfekt oder erfinden zu den Bildern eine kleine Geschichte.

A19–20   1. Als Überleitung auf das Thema „Museen" können KT die erste Frage in A19 im Plenum beantworten und die restlichen zwei in Kleingruppen.
2. KT sehen sich dann die Grafik in A20 an und diskutieren darüber in Zweiergruppen. Dabei können sie auch ihre persönliche Hitliste zu den Museumstypen erstellen und ihre Wahl kurz begründen.
3. KL kann KT bitten, zu Hause die Redemittel zum Thema „Museen" aus *Begegnungen A1$^+$*, Kapitel 3: S. 83 (Eintrittskarten kaufen, sich nach Öffnungszeiten erkundigen) zu wiederholen.

A21–23   1. KT lesen die drei Texte über die Berliner Museen in Stillarbeit (A21), anschließend werden die unbekannten Wörter geklärt.
2. KT diskutieren in Kleingruppen und wählen ein Museum aus.
3. Die Wahl wird im Plenum vorgestellt und begründet.
4. Die Aufgaben A22 und 23 werden im Plenum oder in Einzelarbeit gelöst.
5. KT schreiben einen kleinen Text über das Filmmuseum (in Einzelarbeit oder als Hausaufgabe).

Mögliche weiterführende Übung:
1. In lernstarken Gruppen kann KL die KT bitten, als Hausaufgabe die Website eines der vier Museen zu besuchen und weitere Informationen zu sammeln (Preise, Öffnungszeiten, Sonderausstellungen, Fotos). Wenn KL es nützlich findet, dann können KT anhand dieser Informationen kurze Dialoge an der Museumskasse einüben.
2. Wenn der Kurs in einem deutschsprachigen Land stattfindet, dann können sich KT auch über das Angebot der Museen in der jeweiligen Stadt informieren und ggf. einen gemeinsamen Museumsbesuch planen.

A24–25   1. KT schreiben einen kurzen Text über das Berliner Filmmuseum.
2. Die Texte werden im Plenum korrigiert.
3. KT beschreiben in Kleingruppen oder als Hausaufgabe ihre Lieblingsmuseen.
4. Die interessanten Informationen werden im Plenum vorgestellt.

Variante:

1. KT informieren sich im Internet über ihr Lieblingsmuseum oder schreiben einen Text frei und laden ggf. Fotos herunter. KL sollte die Texte vor Unterrichtsbeginn (am besten per E-Mail) korrigieren.
2. Die Hälfte der Gruppe ist Museumsleiter, die andere Hälfte ist Besucher. Jeder Museumsleiter schreibt den Namen des Museums, das er vorstellen möchte, auf ein Blatt Papier (evtl. mit einem Foto des Museums) und legt es auf seinen Tisch. Die Besucher wählen sich ein Museum aus, über das sie mehr wissen möchten.
3. Die Museumsleiter haben fünf bis zehn Minuten Zeit, um den Interessenten ihr Museum vorzustellen und eventuelle Fragen zu beantworten. Wenn KT es interessant finden, dann kann die Aufgabe wiederholt werden: Die Besucher gehen jetzt in ein anderes Museum.
4. Danach werden die Rollen getauscht: Aus den Besuchern werden Museumsleiter und aus den Museumsleitern Besucher.

A26a
1. KL spielt die Kurzinterviews im Plenum zweimal vor, KT entscheiden, ob die Aussagen richtig oder falsch sind.
2. Die Antworten werden im Plenum kontrolliert.
3. Anschließend kann Arbeitsblatt 5 zur ausführlicheren Textbearbeitung und zum Aussprachetraining genutzt werden.

Arbeitsblatt 5: Interessieren Sie sich für …?

Wortschatz: Hörtext A26a
Grammatik: kein besonderer Schwerpunkt

1. Auf dem Arbeitsblatt steht die Transkription der Kurztexte aus A26a (CD 1.04), aber ohne die Buchstaben *v, f* und *w*.
2. KT ergänzen die Kurztexte in Einzelarbeit.
3. Die Lösungen werden im Plenum kontrolliert und die Wörter mit *v, f* und *w* werden zusammen ausgesprochen. Hier kann KL KT noch einmal darauf aufmerksam machen, dass *v* und *f* im Deutschen ähnlich gesprochen werden, s. dazu auch *Begegnungen A2⁺*: S. 110.
4. Anschließend kann KL KT bitten, die Meinung der Befragten wiederzugeben.

A26b
1. Die Fragen in A26b werden in Kleingruppen oder im Plenum beantwortet.
2. Die interessantesten Informationen werden im Plenum vorgestellt.

Arbeitsblatt 6: Sagen Sie Ja!

Wortschatz: Kunst und Museen
Grammatik: Satzbau

1. KL teilt die Arbeitsblätter aus, auf denen neunzehn Fragen über Kunst stehen.
2. KT haben die Aufgabe, möglichst viele Leute in der Gruppe zu finden, die vier waagerecht, senkrecht oder diagonal aufeinander folgende Fragen alle mit Ja oder alle mit Nein beantworten.
3. KT bewegen sich frei im Raum, diskutieren miteinander und schreiben sich die Namen der Personen auf, die vier aufeinander folgende Fragen mit Ja oder mit Nein beantwortet haben.
4. Die Ergebnisse werden im Plenum vorgestellt.

A27–29
1. KL schreibt einige Stichpunkte aus dem Text zum Thema „Kunst ist in" an die Tafel (z. B.: *Kunst und Auktionen, die Situation der Künstler, immer mehr Kunststudenten* usw.) und bittet KT, über den Inhalt des Textes Vermutungen zu formulieren.
2. KT äußern ihre Vermutungen im Plenum und vergleichen sie dann mit dem Text in A27.
3. Die Aufgaben zum Textverstehen werden im Plenum oder in Einzelarbeit gelöst.
4. Als abschließende Übung kann KL die KT bitten, aus dem Text die mit Kunst zusammenhängenden Wörter herauszuschreiben. Jeder KT schreibt eine Definition für zwei oder drei Wörter aus seiner Liste, die Gruppe rät die Wörter. Variationen zur Textbearbeitung finden Sie auf S. 6.

A30
1. Die Frage A30a wird im Plenum beantwortet. KL kann ggf. weitere Informationen über die Maler bzw. Gemälde geben.
2. KT äußern ihre Meinungen zu den Gemälden in Kleingruppen. (Hier könnten KT, die ähnlichen/ganz unterschiedlichen Geschmack haben, eine Kleingruppe bilden.)
3. Zur Wortschatzwiederholung kann KL KT bitten, alle Farben, Gegenstände, Körperteile, die auf den Gemälden zu sehen sind, zu nennen.
4. KL kann KT bitten, die Reproduktion ihres Lieblingsbildes/ihrer Lieblingsstatue oder ggf. ein eigenes Kunstwerk in die nächste Unterrichtsstunde mitzubringen.

Mögliche weiterführende Übung:
Diese Übung ist sehr geeignet, um den Imperativ zu wiederholen und einige häufig gebrauchte Aufforderungen zu lernen.
1. KL beschafft (z. B. aus dem Internet) Reproduktionen von Gemälden oder Zeichnungen mit Menschen (möglichst von deutschsprachigen Künstlern wie Albrecht Dürer, Max Ernst, Käthe Kollwitz, Otto Dix usw.).
2. Es werden Kleingruppen gebildet, die aus einer Person mehr bestehen als es Menschen auf dem Bild gibt. Die zusätzliche Person ist der Maler, der das Gemälde malt.
3. Der Maler bekommt die Reproduktion und erklärt den Mitgliedern seiner Kleingruppe ihre genaue Position. (KL kann ggf. einige Wendungen wie *Stell dich neben/vor … Geh zwei Schritte nach hinten/vorne … Bleib da! Nimm … in die Hand! Lege deine Hand …* usw. an die Tafel schreiben.)
4. Die Darsteller folgen den Anweisungen des Malers und stellen sich in die gewünschte Position.
5. Zum Schluss werden die Gruppenbilder mit den Gemälden/Zeichnungen verglichen.

Arbeitsblatt 7: Das Leben von Paul Klee

Wortschatz: Lebenslauf, Kunst
Grammatik: Konjugation, temporale Präpositionen

1. KL teilt die Arbeitsblätter aus: KT 1 bekommt Arbeitsblatt a, KT 2 Arbeitsblatt b. Danach sagt er z. B. Folgendes: *Der Kopierer hatte schon wieder ein Problem, deshalb konnte ich das Arbeitsblatt nicht gut kopieren. Einige Informationen über das Leben von Paul Klee sind leider unlesbar. Zum Glück fehlen auf den zwei Arbeitsblättern nicht die gleichen Angaben!* o. ä.
2. KT diskutieren in Zweiergruppen und füllen die Lücken auf dem eigenen Arbeitsblatt aus.
3. Die Lösungen werden im Plenum kontrolliert.
4. Anschließend kann KL KT bitten, das Perfekt und das Präteritum der im Text gebrauchten Verben anzugeben.

A31–32 Eine Einladung zu einer Veranstaltung ergänzen und auf die Einladung mündlich oder schriftlich reagieren, s. Anweisungen im Buch (Einzel- und Partnerarbeit)

Arbeitsblatt 8: Grammatik- und Wortschatztraining

Grammatik- und Wortschatzübung zur Artikelbestimmung und zu den Verben mit präpositionalem Kasus (nach A11 jederzeit einsetzbar)

Variante: Wettbewerb
1. KT arbeiten in Kleingruppen und sammeln möglichst viele Gegenstände mit Artikel (s. Anweisungen auf dem Arbeitsblatt).
2. KL bittet Kleingruppe 1, ihre Wörter vorzulesen. Für jedes Wort mit dem richtigen Artikel bekommt die Gruppe einen Punkt. (KL kann auch die anderen Gruppen bitten, gut zuzuhören und bei falschen Artikeln laut Stopp zu sagen. Bei dieser Variante darf jetzt die Gruppe weiterlesen, die den Fehler bemerkt hat.)
3. Das Spiel geht so lange, bis alle Gruppen ihre Wörter gelesen haben.
4. KL kann KT bitten, mit den Verben mit präpositionalem Kasus aus C7 und den Nomen auf dem Arbeitsblatt Sätze zu bilden oder eine kleine Geschichte zu schreiben.

Arbeitsblatt 9: Wiederholungstest
Der Test gibt KT Gelegenheit, sich zu überprüfen und eventuelle Fragen zu klären.

Arbeitsblatt 10: Prüfungsvorbereitung
> Zusammenfassende Übung und Vorbereitung auf das *Zertifikat B1, Prüfungsteil: Sprechen*,
> s. Übungssatz zur Prüfungsvorbereitung im Anhang des Kursbuchs

B   *fakultativ:* s. Hinweise S. 6

D   s. Hinweise S. 6

Kapitel 2

KL kann KT bitten, folgende Teile aus den früheren Bänden zu wiederholen:
Begegnungen A2⁺, Kapitel 4: Tätigkeiten am Arbeitsplatz (S. 98), Wortschatz zu Telefongesprächen (S. 101, 103, 106), Kapitel 1: Lebenslauf (S. 16–17)

Geeignete Texte aus den fakultativen Teilen früherer Bände:
Begegnungen A2⁺, Kapitel 4: Was ist gute Arbeit? (S. 116 Grafik), Duzen Sie immer noch? (S. 118)

Vorkenntnisse aktivieren
1. KL stellt am Anfang der Stunde folgende Frage: *Warum sind Sie mit Ihrem Beruf zufrieden?*
2. KT beantworten der Reihe nach die Frage, zum Schluss gibt KL auch eine Antwort.

A1
1. KT beantworten die Fragen in Teil a im Plenum oder in Kleingruppen und vergleichen das Ansehen verschiedener Berufe in ihren Heimatländern. KL kann KT darum bitten, jede Aussage der Gesprächspartner mit einer passenden Reaktion entgegenzunehmen. Als Hilfe kann er z. B. folgende Redemittel an die Tafel schreiben: *Das wusste ich nicht. Das finde ich interessant. Das überrascht mich. Bei uns ist es genauso. Das kann man ja verstehen. Ach ja? Wirklich?* usw.
2. In Teil b werten KT die Grafik über Deutschland im Plenum oder in Kleingruppen aus, die wichtigsten Unterschiede zwischen dem Heimatland und Deutschland werden im Plenum formuliert.

A2   2a und b werden im Plenum gelöst, KL klärt die unbekannten Wörter. Nach dem Lösen der Aufgabe kann KL z. B. folgende Frage stellen: *Und Sie? Woraus besteht Ihre Arbeit?* KT beantworten die Frage mit einem Satz. (Das Thema wird in A5 noch vertieft.)

A3
1. KT diskutieren in Kleingruppen und ordnen den Berufen ein Monatsgehalt zu. KL sollte erklären, dass es hier keineswegs um das Testen ihrer Vorkenntnisse, sondern um das Üben von Redemitteln zum Ausdrücken von Vermutungen geht.
2. Die Fragen in Teil b werden im Plenum beantwortet.
3. Zu einer kurzen weiterführenden Diskussion im Plenum kann KL z. B. folgende Fragen stellen: *Kennen Sie jemanden, der besonders viel Geld verdient (hat)? Würden Sie gern mit dieser Person tauschen? Warum (nicht)?*

A4
1. KL spielt die Hörtexte zweimal vor, KT ergänzen die fehlenden Wörter.
2. Die Lösungen werden im Plenum kontrolliert.
3. KL kann die Texte am Ende noch einmal vorlesen und dabei bestimmte Wörter weglassen. KT nennen das fehlende Wort. Diese Übung lässt sich mit einem Aussprachetraining für den Wortakzent gut kombinieren, s. dazu auch *Begegnungen A1⁺*: S. 42, S. 121; *Begegnungen A2⁺*: S. 20.

A5
1. KT diskutieren in Kleingruppen über ihre Berufe und sammeln möglichst viele dazugehörende Tätigkeiten und Eigenschaften (evtl. mithilfe des Wortschatzes aus *Begegnungen A2⁺*, Kapitel 4: Tätigkeiten am Arbeitsplatz (S. 98).
2. Jemand aus der Kleingruppe berichtet im Plenum über den Beruf eines anderen KT. Er kann auch sagen, ob er in der Lage wäre, diesen Beruf auszuüben oder warum er den Beruf des Nachbarn äußerst wichtig/interessant/schwer findet.

3. Die Person, die diesen Beruf ausübt, kann auf seine Meinung kurz reagieren.
4. Zum Schluss stellen KT ggf. weitere Fragen.
5. Es können im Plenum weitere Tätigkeiten gesammelt werden oder KL kann KT bitten, als Hausaufgabe über ihren Beruf zu berichten. Dazu kann KL z. B. noch folgende Fragen stellen: *Was braucht man in Ihrer Branche, um Karriere zu machen? Möchten Sie Karriere machen? Was möchten/müssten Sie noch lernen? Welche Eigenschaften würden Sie in Ihrem Beruf weiterbringen? Welche Tätigkeiten am Arbeitsplatz finden Sie am interessantesten? Hat die Globalisierung irgendwelche positiven/negativen Auswirkungen auf Ihre Arbeitstätigkeiten/Ihren Tagesablauf? usw.*

Variante zu Schritt 5:
1. KL schreibt einen kurzen Brief über die Vor- und Nachteile seines Berufs, den er am Anfang der Stunde der Gruppe austeilt oder KT per E-Mail zukommen lässt.
2. KT schreiben darauf eine Antwort als Hausaufgabe, in der sie möglichst viele Redemittel aus A5 benutzen und auf einige der oben unter Schritt 5 aufgelisteten Fragen eingehen.

Arbeitsblatt 1: Berufe

Wortschatz: Berufe und Tätigkeiten
Grammatik: kein besonderer Schwerpunkt

Das Arbeitsblatt kann, je nach Sprachniveau, unterschiedlich eingesetzt werden.

Variante 1:
Ja-Nein-Spiel
1. KT 1 zieht eine Karte, der Rest der Gruppe stellt ihm Fragen über den abgebildeten Beruf. KT 1 darf diese nur mit Ja oder Nein beantworten.
2. Derjenige, der den Beruf gefunden hat, darf die zweite Karte ziehen usw.
3. Anschließend können KT sich kurz über die Vor- und Nachteile der Berufe austauschen.

Variante 2 (für lernstarke Gruppen):
Der schönste Beruf der Welt
1. KT bilden Zweier- oder Dreiergruppen, die jeweils eine Karte ziehen.
2. Jede Kleingruppe sammelt Argumente, warum der Beruf auf ihrer Karte der schönste Beruf der Welt ist. (Hier können ggf. einige Redemittel aus A14 eingeführt werden.)
3. Die Berufe werden im Plenum vorgestellt. Nachdem die Lerngruppe alle Argumente gehört hat, wählt sie den schönsten Beruf.
4. Zum Schluss sagt jeder KT, welchen Beruf er am schönsten findet.

A6
1. Teil a wird in Einzelarbeit gelöst und anschließend im Plenum korrigiert.
2. Die Fragen in Teil b werden im Plenum oder in Zweiergruppen gelöst. In der letzteren Variante kann KT 1 zuerst Vermutungen über die Vor- und Nachteile des Berufs von KT 2 formulieren und erst danach seinem Gesprächspartner zuhören bzw. über die Vor- und Nachteile des eigenen Berufs berichten.

A7
1. KT führen Beratungsgespräche, deren Ergebnisse im Plenum vorgestellt werden, s. Anweisungen im Buch.
2. Zu einer weiterführenden plenaren Diskussion kann KL z. B. folgende Fragen stellen: *Kennen Sie jemanden, der einen besonders interessanten Beruf hat? Hatten Sie früher (als Kind/Jugendlicher) ein Vorbild, dessen Beruf Sie gerne machen wollten? Was hat Sie an dieser Person/diesem Beruf fasziniert? Wie beurteilen Sie diese Person/diesen Beruf heute?*

A8
1. KL erläutert die Bedeutung und den Gebrauch des Verbs *brauchen*: Mit diesem Verb wird *müssen* negiert und es wird mit einer *zu* + Infinitiv-Konstruktion verwendet (S. 41).
2. Anschließend wird Aufgabe A8 im Plenum gelöst.

Mögliche weiterführende Übung:

1. Um das Verb *brauchen* auch kommunikationsorientiert zu üben, kann KL z. B. folgende Situation vorgeben: *Sie gehen in den Urlaub. Ihre Gesprächspartnerin/Ihr Gesprächspartner soll Ihre Arbeit eine Woche lang übernehmen. Erklären Sie ihr/ihm, was sie/er tun muss bzw. nicht zu tun braucht (Kleidung, Kollegen, Aufgaben, Geräte, Mittagspause und Feierabend, Sitzungen, Termine usw.).*
2. Einige KT berichten im Plenum über ihre Aufgaben.

Grammatikübersichten und Übungen zu den Modalverben: C1–5

Arbeitsblatt 2: Ihre Meinung bitte

Wortschatz: Arbeit
Grammatik: kein besonderer Schwerpunkt

1. Auf dem Arbeitsblatt stehen 16 Fragen über Arbeit und Beruf.
2. KL bittet KT 1, eine Zahl zu sagen, und stellt ihm die entsprechende Frage. (Er kann auch kleine Kärtchen mit den Fragen vorbereiten und jedem KT eine geben.)
3. KT 1 beantwortet die Frage und begründet kurz seine Meinung. Danach nennt KT 2 eine Zahl und beantwortet die Frage mit dieser Zahl usw.

Variante:

1. In Gruppen mit hoher Teilnehmerzahl können KT vor dem Spielbeginn Kleingruppen bilden. Jemand aus Kleingruppe 1 nennt eine Zahl: Die Frage mit dieser Zahl wird das Gesprächsthema für seine Gruppe sein. Danach sagt jemand aus Kleingruppe 2 eine Zahl, um das Thema für seine Gruppe zu bestimmen usw.
2. KT tauschen sich über das Thema acht bis zehn Minuten lang aus.
3. Die Ergebnisse der Gespräche werden im Plenum vorgestellt.
(Einige Fragen aus: *Rolf Dobelli: Wer bin ich? Diogenes, Zürich 2007*)

A9–13   Hör- und Lesetext zum Thema „Surfen am Arbeitsplatz" (s. Anweisungen im Buch)
Variationen zur Textbearbeitung finden Sie auf S. 6.

Arbeitsblatt 3: Privat surfen am Arbeitsplatz

Wortschatz: Wortschatz von A10
Grammatik: Präpositionen

1. KL teilt die Arbeitsblätter aus und erklärt die Aufgabe.
2. Das Arbeitsblatt enthält den Text A10 (CD 1.08) als Lückentext, der nach dem zweiten Lesen und/oder Hören ergänzt werden sollte.
3. Die Lösungen werden mit dem Nachbarn verglichen oder gleich im Plenum kontrolliert.

A14   1. KT bilden Kleingruppen und wählen sich ein Thema aus, über das sie diskutieren möchten. Das Ziel der Diskussion kann sein, einen Kompromiss zu finden oder alle Leute auf seine Seite zu ziehen.
2. Das Ergebnis der Diskussion wird im Plenum präsentiert.

Variante: Zu dieser Variante werden die Smileys auf Arbeitsblatt 4, Kapitel 6 benutzt.
1. KL teilt die Kärtchen aus, KT legen diese mit den Smileys nach unten vor sich auf den Tisch.
2. KT 1 dreht seine Karte um: Lächelt das Smiley, so argumentiert KT 1 für den ersten Vorschlag *(Rauchverbot in der Firma)*, ist das Smiley traurig, lehnt KT 1 den Vorschlag ab. Danach äußern sich die anderen KT auf die gleiche Art zum Vorschlag.
3. Nach jeder Runde werden neue Karten gezogen. Das Spiel geht so lange, bis alle Vorschläge diskutiert worden sind. Diese Variante hat den Vorteil, dass KT alle Redemittel auf S. 44 gebrauchen und sie sich dadurch leichter einprägen können.

A15   1. KT diskutieren über die Probleme in Kleingruppen und sammeln möglichst viele Lösungsvorschläge.
2. Die Vorschläge werden im Plenum vorgestellt und ausgewertet.

Variante:

1. KT bilden Zweiergruppen: KT 1 hat ein Problem, KT 2 ist Psychologe. Die Probleme werden unter den Zweiergruppen aufgeteilt.
2. KT 1 erzählt von seinem Problem, KT 2 stellt ihm möglichst viele Fragen und macht ihm am Ende des Gesprächs einen oder mehrere begründete Lösungsvorschläge.
3. Danach können entweder die Rollen getauscht werden oder KT 1 kann sich an einen anderen Psychologen wenden und dann entscheiden, wer ihm den besseren Rat gegeben hat.
4. Die (besten) Lösungsvorschläge werden im Plenum vorgestellt.

A16 Etwas aushandeln, Vorschläge machen, s. Anweisungen im Buch (Kleingruppenarbeit). Eine ähnliche Übung enthält auch das *Zertifikat B1, Modul Sprechen, Teil 1*, s. Anhang 1 des Kursbuchs.

Arbeitsblatt 4: So machen Sie …

Wortschatz: Redemittel zur Meinungsäußerung
Grammatik: Konjunktiv II

1. KL teilt die Arbeitsblätter aus, KT bilden Kleingruppen.
2. Die Kleingruppen sammeln zu einem der vorgegebenen Themen Vorschläge.
3. Die Vorschläge, wie man eine Firma oder die Welt zu einem besseren Ort machen könnte, werden im Plenum vorgestellt.

(Idee aus: *Humanising Language Teaching, www.hltmag.co.uk*)

A17 1. KT ergänzen die Informationen zu den Hörtexten in Einzelarbeit, die Lösungen werden im Plenum überprüft.
2. Als Überleitung zu den Redemitteln zu Telefongesprächen kann KL nach dem Lösen der Aufgabe die Hörtexte noch einmal vorspielen und KT bitten, sich die gehörten Redemittel zum Telefonieren zu notieren.

A18 KT ordnen den Sätzen die Verben zu, die Lösungen werden im Plenum korrigiert.

A19 Redemittel zu Telefongesprächen, s. Anweisungen im Buch (Plenum und Einzelarbeit). Da diese Übung im Grunde genommen nur bekannten Wortschatz enthält, kann KL hier die Intonation der Frage- und Aussagesätze in den Vordergrund stellen.

Arbeitsblatt 5: Telefonieren

Wortschatz: Redemittel zum Telefonieren aus A19
Grammatik: kein besonderer Schwerpunkt

1. Auf dem Arbeitsblatt stehen die Redemittel aus A19.
2. KT ergänzen die fehlenden Verben.
3. Die Lösungen werden im Plenum korrigiert. Beim Vorlesen der Sätze kann KL KT bitten, auf die Aussprache der r-Laute besonders zu achten, s. dazu auch *Begegnungen A1⁺*: S. 63; *Begegnungen A2⁺*: S. 141.

(Diese Vorlage kann auch beim Lösen von Aufgabe A22 als Wortschatzhilfe benutzt werden.)

A20–22 Telefongespräche, Termine vereinbaren, s. Anweisungen im Buch (Einzel- und Kleingruppenarbeit)

Grammatikübersichten und Übungen zum Konjunktiv II: C6–9

A23 Die Bildung und Funktion des Konjunktiv II wird mithilfe der Übersicht auf S. 48 im Plenum wiederholt. Aufgabe A23 wird anschließend im Plenum gelöst.

A24 1. KT bilden Zweiergruppen und formulieren (innerhalb einer vorgegebenen Zeit) möglichst viele Bitten zu den Zeichnungen.
2. KT 1 formuliert eine Bitte im Plenum, sein Nachbar reagiert darauf.

A25   Verben mit Dativ und Akkusativ, s. Anweisungen im Buch (Einzelarbeit), zur Wiederholung dieser Verben s. auch *Begegnungen A2+*: S. 89

Grammatikübersicht und Übung zu Verben mit Dativ und/oder Akkusativ: C10

A26   1. KT ergänzen das Telefongespräch in Teil a und spielen es ggf. nach.
2. KL erklärt den Gebrauch von *sollen*: Mit diesem Verb kann man Informationen weitergeben.
3. Teil b wird im Plenum gelöst.
4. Anschließend können KT in Zweiergruppen ein Telefongespräch zu einer Situation aus Teil b einüben und im Plenum vorstellen.

A27   Einen Termin per E-Mail absagen, s. Anweisungen im Buch (Einzelarbeit)

Wenn KT diese Übung als Hausaufgabe machen:
1. KL teilt KT in Zweiergruppen ein. Die Mitglieder der Zweiergruppen schreiben sich gegenseitig eine Absage (am besten per E-Mail). Die E-Mails sollten zuerst KL zur Korrektur und erst danach dem Partner geschickt werden.
2. In der nächsten Unterrichtsstunde werden einige Briefe vorgelesen, anschließend reagiert jeder KT kurz auf die erhaltene Absage. Auf diese Weise wird eine Kontinuität zwischen schriftlicher Hausaufgabe und Präsenzphase geschaffen.

A28   KT lösen die Aufgabe in Einzelarbeit und kontrollieren dann ihre Lösungen im Plenum.

A29–31   1. Als Einführung ins Thema kann KL z. B. folgende allgemeine Fragen stellen: *Haben Sie schon Verhandlungen mit Deutschen geführt? Haben Sie da Unterschiede zwischen Deutschland und Ihrem Heimatland bemerkt?* KT mit solchen Erfahrungen beantworten kurz die Fragen.
2. Um weitere Sprechanlässe zu bieten, kann er die fünf Stichpunkte (*Pünktlichkeit, Begrüßung* usw.) und evtl. einige Ausdrücke (z. B. *Visitenkarte, Gesprächsthemen, Handschlag* usw.) aus dem Lesetext an die Tafel schreiben und KT bitten, Vermutungen über die deutschen Umgangsformen zu formulieren und ggf. über eigene Erfahrungen zu berichten. Auf diese Weise wird ein Teil des Wortschatzes schon vor dem Lesen eingeführt.
3. Anschließend wird der Text gelesen bzw. gehört und Aufgabe A30a in Einzelarbeit gelöst.
4. A30b enthält eine Wiederholung der *zu* + Infinitiv-Konstruktionen, der im Plenum gelöst werden kann.
5. A31, die zur Vertiefung des Wortschatzes dient, wird im Plenum gelöst. Eine ähnliche Übung wie A29–30a enthält auch das *Zertifikat B1, Modul Lesen, Teil 2*, s. Anhang 1 des Kursbuchs.

Variationen zur Textbearbeitung finden Sie auf S. 6.

Grammatikübersicht und Übungen zu *zu* + Infinitiv-Konstruktionen: C11–12

Arbeitsblatt 6: Umgangsformen im Geschäftsleben

Wortschatz: Lesetext A29
Grammatik: Konjugation, Satzbau

1. Auf dem Arbeitsblatt stehen die im Lesetext behandelten Stichpunkte zu den deutschen Umgangsformen.
2. KT bilden Kleingruppen oder arbeiten allein. Die Stichpunkte werden unter KT/den Kleingruppen aufgeteilt. Die Aufgabe ist, den zum Stichpunkt gehörenden Absatz möglichst genau zu rekonstruieren.
3. KT/Kleingruppen lesen den entsprechenden Absatz im Buch und versuchen, sich neben dem Textinhalt auch die genauen Formulierungen zu merken. Nach einigen Minuten werden die Bücher geschlossen.
4. KT versuchen, sich die Informationen mithilfe der Ausdrücke auf dem Arbeitsblatt möglichst genau aufzuschreiben.
5. Die kleinen Texte werden vorgelesen oder mit dem Text im Buch verglichen. Eine solche Übung kann KT helfen, sich beim Lesen nicht nur auf den Textinhalt zu konzentrieren, sondern auch auf Wortschatz und Satzstruktur zu achten.

A32   1. KT halten zu einem frei gewählten Stichpunkt eine kurze Präsentation oder diskutieren in Kleingruppen über die Umgangsformen im Heimatland. (Die Kleingruppen können aus KT mit ähnlichem oder ganz unterschiedlichem kulturellen Hintergrund bestehen.)

         2. KL kann KT bitten, schriftlich oder mündlich über eine Situation zu berichten, in der aufgrund kultureller Unterschiede Missverständnisse entstanden sind, oder ganz im Gegenteil, eine besonders erfolgreiche Verhandlung/ein interessantes Gespräch geführt werden konnte.

         3. Zum Schluss können sich KT, wenn sie möchten, kurz über den Einfluss der Globalisierung in ihren Heimatländern austauschen, z. B. *über das Verschwinden nationaler Besonderheiten (Siesta in Spanien, lange Mittagspause in Frankreich), über das Verlorengehen traditioneller Berufe, über Englisch als Weltsprache usw.*

A33, Arbeitsblatt 7: Themen zum Smalltalk

         1. Als Einleitung kann KL z. B. die folgende Frage stellen: *Waren Sie schon einmal auf einer besonders netten oder besonders furchtbaren Party?* KT berichten kurz über ihre Erfahrungen.

         2. KT führen mithilfe der vorgegebenen Redemittel Smalltalk, s. Anweisungen im Buch. KL kann KT bitten, sich auch über die Themen „Lesen und fernsehen" auszutauschen, da diese im nächsten Kapitel behandelt werden.

       Variante:

         1. Jeder KT zieht eine Karte. Auf den Karten stehen Themen zum Smalltalk (die in *Begegnungen A1⁺* und *A2⁺* behandelt wurden). Über diese Themen sollen sie mit den Gesprächspartnern sprechen.

         2. KT stehen auf, wählen sich einen oder mehrere Gesprächspartner und diskutieren über die Themen auf ihren Karten.

         3. Nach acht bis zehn Minuten wird eine neue Karte gezogen und der Gesprächspartner gewechselt.

         4. Die interessantesten Informationen und Gesprächsthemen werden im Plenum vorgestellt. (Diese Variante ermöglicht die Einprägung der einleitenden Sätze zum Smalltalk durch Wiederholung.)

A34–35   1. KT formulieren anhand der Beispielsätze die Regeln zur Deklination der schwachen Nomen.

         2. Anschließend wird A35 im Plenum gelöst.

       Grammatikübersicht und Übungen zur Deklination der Nomen: C13–16

A36   Einen Brief beantworten, über eine neue Stelle berichten, s. Anweisungen im Buch (Einzelarbeit). Eine ähnliche Übung enthält auch das *Zertifikat B1, Modul Schreiben, Teil 1,* s. Anhang 1 des Kursbuchs.

Arbeitsblatt 8: Grammatik- und Wortschatztraining

Grammatik- und Wortschatzübung zu den Verben mit Kasus (nach A25 jederzeit einsetzbar)

Arbeitsblatt 9: Wiederholungstest

Der Test gibt KT Gelegenheit, sich zu überprüfen und eventuelle Fragen zu klären.

Arbeitsblatt 10: Prüfungsvorbereitung

Zusammenfassende Übung und Vorbereitung auf das *Zertifikat B1, Modul Schreiben, Teil 2 und 3,* s. Übungssatz zur Prüfungsvorbereitung im Anhang des Kursbuchs

---

B   *fakultativ:* s. Hinweise S. 6

D   s. Hinweise S. 6

Kapitel 3

KL kann KT bitten, folgende Teile aus den früheren Bänden zu wiederholen:
Begegnungen A1⁺, Kapitel 5: Computer (S. 120)
Begegnungen A2⁺, Kapitel 2: Kino-Wortschatz (S. 47–48), Verabredung für einen Kinobesuch (S. 49),
Kapitel 8: elektrische Geräte (S. 230–231)

Geeignete Texte aus den fakultativen Teilen früherer Bände:
Begegnungen A1⁺, Kapitel 5: Die Welt sieht immer mehr fern, Können Sie ohne Fernseher leben? (S. 128–129)
Begegnungen A2⁺, Kapitel 2: Wer schrieb den ersten Krimi? (S. 50)

Vorkenntnisse aktivieren

1. Als Einführung ins Thema kann KL z. B. die folgenden Fragen an die Tafel schreiben: *Lesen Sie lieber oder sehen Sie lieber fern? Könnten Sie ohne Bücher/Fernseher leben? Wie wählen Sie Ihre Lektüre/die Sendungen, die Sie sich ansehen? Was erwarten Sie von einem guten Buch/einer guten Fernsehsendung? Kennen Sie Menschen, die sehr viel lesen/fernsehen? Hat das Lesen/Fernsehen einen Einfluss auf das Benehmen?* Jeder KT entscheidet, welche Frage er (ggf. nach kurzer Überlegungszeit) im Plenum beantworten möchte.
2. KT äußern sich zu den Themen und stellen sich evtl. weitere Fragen.

A1–2 Der Text über Leser und Nichtleser wird gelesen und zweimal gehört. Danach wird die Aufgabe A2 im Plenum gelöst (s. Anweisungen im Buch).

Variante:
1. In lernstarken Gruppen kann KL zuerst einige Stichwörter an die Tafel schreiben, dann die CD einmal vorspielen und KT bitten, nachzuerzählen, was sie verstanden haben. (KL kann auch solche Wörter an die Tafel schreiben, die KT nicht genau verstanden haben oder deren Bedeutung sie nicht kennen.)
2. Danach wird der Text noch einmal gehört und die Informationen werden erweitert (evtl. wieder mit Wörtern, deren Bedeutung KT nicht kennen oder deren Schreibweise sie nicht sicher beherrschen).
3. Zum Schluss wird der Text zum Überprüfen der Informationen gelesen. Das ist eine gute Übung, um sich die Unterschiede zwischen Aussprache und Schreibweise mancher Wörter bewusst zu machen.

Weitere Variationen zur Textbearbeitung finden Sie auf S. 6.

A3–4 Wörter rund ums Buch, s. Anweisungen im Buch (Partner- und Einzelarbeit)

A5
1. KT bilden Kleingruppen und tauschen sich über ihre Lesegewohnheiten aus.
2. Die interessanten Informationen werden im Plenum vorgestellt.
3. KL kann KT bitten, ihre Lieblingsbücher in die nächste Stunde mitzubringen und darüber kurz zu berichten.

A6 KT lesen die Buchrezensionen und suchen für den Gesprächspartner ein passendes Buch aus dem Angebot aus.

Variante:
1. KL bringt verschiedene deutschsprachige Bücher in den Unterricht mit (Kochbücher, Romane, Fachbücher, Comic-Hefte usw.) und legt diese auf einen Tisch. Um die Aufgabe vorzustellen, kann er z. B. Folgendes sagen: *Zum Anlass des Tages der Bücher suchen wir ein Buch für unseren Gesprächspartner.*
2. KT sehen sich die Bücher an, lesen die Beschreibungen auf den Umschlägen und wählen sich ein Buch für den Gesprächspartner anhand der in A5 gesammelten Informationen aus.
3. Anschließend werden die gewählten Bücher im Plenum vorgestellt und mit einer kurzen Begründung an den Gesprächspartner übergeben. Auf diese Weise können KT auch die bei einer Geschenkübergabe üblichen Redemittel einüben.
4. KL kann noch weitere Informationen zu den Büchern geben und evtl. einige Bücher aus dem Angebot empfehlen.

A7   Kurze Texte und Diskussion über die verschiedenen Lesestrategien, s. Anweisungen im Buch (Einzel- und Partnerarbeit)

A8
1. Hörtext zum Thema „Leipziger Buchmesse", s. Anweisungen im Buch. Eine ähnliche Übung enthält auch das *Zertifikat B1, Hören, Teil 1*, s. Modulbeschreibung im Anhang des Kursbuchs.
2. KL kann KT bitten, im Internet weitere Information über die Leipziger Buchmesse zu sammeln.

Arbeitsblatt 1: Auf der Leipziger Buchmesse

Wortschatz: Hörtext A8
Grammatik: kein besonderer Schwerpunkt

1. Das Arbeitsblatt dient einerseits zur Vertiefung des Wortschatzes des Hörtextes A8, andererseits zum Aussprachetraining. Es enthält das Gespräch zu A8 (CD 1.12) als Lückentext, in dem viele Vokale fehlen.
2. KT hören sich die Kurzinterviews noch einmal an und ergänzen dabei die fehlenden Vokale.
3. Die Lösungen werden mit der Transkription überprüft.
4. Anschließend kann KL z. B. folgende Fragen stellen: *Welche Vokale können Sie schwer unterscheiden? Welche Vokale hören Sie gut, haben aber Probleme mit der Aussprache?* Die Wörter mit schwierigen Vokalen werden im Plenum ausgesprochen.
5. Anhand der Antworten kann KL in der nächsten Unterrichtsstunde oder als Hausaufgabe weitere Phonetik-Übungen aus *Begegnungen A1$^+$* und *A2$^+$* anbieten.
6. Wenn KL es nützlich findet, dann kann er die Kurzinterviews Satz für Satz noch einmal vorspielen und KT bitten, bei geschlossenem Buch die Sätze zu wiederholen. (In einer größeren Gruppe kann diese Übung auch in Kleingruppen durchgeführt werden, wobei die Transkription vor den KT liegen sollte.)

A9
1. Es werden die sinngerichteten Infinitivkonstruktionen eingeführt.
2. KT analysieren in Partnerarbeit die Sätze und ordnen die Bedeutungen zu.
3. KL kann diese Aufgabe auch erweitern und KT auffordern, die grammatischen Besonderheiten herauszufinden (kein eigenes Subjekt, Verform, Verbstellung).
4. Anschließend erfolgt im Plenum die gemeinsame Analyse.

Grammatikübersicht und Übungen zu sinngerichteten Infinitivkonstruktionen: C15

A10
1. Hier werden die Infinitivkonstruktionen angewendet.
2. KT lösen die Aufgabe in Kleingruppen, z. B. als Stapelprinzip: KL vergrößert und kopiert die Übung mehrfach. Anschließend wird die Übung in einzelne Sätze zerschnitten, sodass jeder Satz auf einem Papierstreifen steht. Die Sätze werden mit der Schrift nach unten in die Gruppe gegeben. Danach ziehen die KT die Sätze nacheinander (wie eine Karte aus einem Kartenstapel) und suchen gemeinsam eine Lösung. Die Lösung wird aufgeschrieben. Am Ende werden die Lösungen mit denen der anderen Gruppen verglichen. Bei diesem Übungstyp muss ein Zeitlimit vorgegeben werden, nicht alle Gruppen müssen alle Sätze lösen.
(Die Autoren danken Andrea Westphal für die Idee zum Übungsablauf.)

Arbeitsblatt 2: Hobbys vorstellen

Wortschatz: Hobbys
Grammatik: sinngerichtete Infinitivkonstruktionen

1. KL teilt die Arbeitsblätter aus und erklärt die Aufgabe: KT sollen über ihr eigenes Hobby oder über eine Sache, die sie gut können, berichten. Dazu sind auf dem Arbeitsblatt Redemittel und Wortvorgaben.
2. KT schreiben im Unterricht oder als Hausaufgabe einen kurzen Aufsatz über ihre Hobbys. (KL sollte die Texte vor der nächsten Unterrichtsstunde korrigieren.)
3. Die Hobbys werden in der nächsten Stunde im Plenum vorgestellt.
(Die Autorinnen danken Sylvain Lelarge für die Idee zu diesem Arbeitsblatt.)

A11   1.   KT diskutieren in Kleingruppen und sprechen über eigene Erfahrungen. Dabei sollen sie nicht nur die Diskussionsergebnisse notieren, sondern auch die Redemittel zur Meinungsäußerung, die sie verwendet haben.

          2.   Die interessantesten Ergebnisse werden im Plenum präsentiert, die Redemittel zur Meinungsäußerung visualisiert – und danach mit den ausgewählten Redemitteln aus dem rechten Kästchen ergänzt.

          3.   Die Aufgabe c dient der Prüfungsvorbereitung auf das *Zertifikat B1*. Der Fokus liegt auf der Verwendung der Redemittel zur Meinungsäußerung. Zusätzlich könnte KL noch vorgeben, dass mindestens eine sinngerichtete Infinitivkonstruktion verwendet werden muss.

A12   1.   Die Aufgabe dient zur Einführung in das Thema und zur Vorentlastung für den folgenden Lesetext.

          2.   Aufgabenteil a siehe Anweisungen im Kursbuch. Die wichtigsten Ergebnisse sollten visualisiert werden.

          3.   Die Aussagen in Teil b beziehen sich auf den nachfolgenden Text und vermitteln gleichzeitig notwendigen Wortschatz. Bei der Diskussion sollten KT möglichst viele Redemittel zur Meinungsäußerung und Begründung der Aussagen verwenden. Diese können vor dem Gespräch an der Tafel gesammelt werden (z. B.: *Da bin ich mir ganz sicher. Ich habe irgendwo gelesen, dass … Wenn ich mich recht erinnere, …*)

          4.   Die Lösungen werden erst nach dem Lesen des Textes A13 überprüft.

A13   1.   KT hören und lesen den Text über die Erfindung des Buchdrucks.

          2.   Nach dem Lesen kann KT z. B. folgende Frage stellen: *Welches Buch/Welche Bücher oder Schriftwerke sind in Ihrem Heimatland berühmt, weil sie besonders schön/alt sind?*

Variationen zur Textbearbeitung finden Sie auf S. 6.

A14   Textarbeit zur Vertiefung des Wortschatzes, s. Anweisungen im Buch (Plenum und Einzelarbeit)

Arbeitsblatt 3: Die Erfindung des Buchdrucks

Wortschatz: Wortschatz des Lesetextes A13
Grammatik: Zeitformen

1.   Das Arbeitsblatt enthält den Text zu A13 (CD 1.13) als Lückentext.
2.   KT ergänzen die fehlenden Verben in der richtigen Zeitform (möglichst ohne CD).
3.   Die Lösungen werden mit der CD überprüft.
4.   Zum Schluss kann KL einige Wörter aus dem Text an die Tafel schreiben und KT bitten, Antonyme zu nennen (z. B.: *gleichzeitig, eine große Rolle spielen, auf dem Höhepunkt der Karriere, auf der einen Seite, verschiedene Bilder, Großbuchstaben*).

A15   1.   KL erläutert die Regeln zur Bildung des Passiv Perfekt oder bittet KT, es zu tun. Er sollte hier auch deutlich machen, dass die zwei Vergangenheitsformen Perfekt und Präteritum (im Gegensatz zu vielen anderen Sprachen) keine wichtigen Bedeutungsunterschiede aufweisen.

          2.   Um die Konjugation zu üben, kann KL KT bitten, einen oder mehrere Sätze in jeder Zeitform zu konjugieren (z. B.: *Ich werde (bei Siemens) angestellt.* o. ä.).

          3.   Danach wird die Aufgabe A15 im Plenum oder in Einzelarbeit gelöst, anschließend kann KL KT bitten, die Sätze in Passiv Perfekt umzuformen.

Grammatikübersicht und Übungen zu Passivsätzen: C5–11

Arbeitsblatt 4: Sprüche über Bücher

Wortschatz: Bücher
Grammatik: Konditionalsätze, Relativsätze

1.   KL bereitet zwei oder drei Kartensätze vor, jede Kleingruppe bekommt einen davon.
2.   KT versuchen, die Satzanfänge und die Satzenden einander zuzuordnen (evtl. innerhalb einer vorgegebenen Zeit).
3.   Die Lösungen werden im Plenum überprüft.
4.   Anschließend sagt jeder KT, welchen Spruch er besonders schön/lustig/unsinnig findet.
5.   KL kann KT bitten, selbst einen Spruch über die Rolle der Bücher in ihrem Leben zu schreiben.

A16   1. Vor dem Lösen dieser Aufgabe sollte KL deutlich machen, dass es hier keinesfalls um das Testen der Allgemeinbildung geht, sondern um das Üben von Redemitteln zum Ausdrücken von Vermutungen.
2. KT diskutieren in Kleingruppen und raten, welches Gerät wann erfunden wurde. Um die Diskussion zu erleichtern, kann KL z. B. folgende Redemittel an die Tafel schreiben: *Ich vermute, dass … früher erfunden wurde als …/… existiert schon länger als …/Da bin ich nicht so sicher* usw.
3. Die Lösungen werden im Plenum korrigiert. KL kann KT noch einmal darauf aufmerksam machen, dass die Jahreszahlen im Deutschen ohne Präposition benutzt werden.
4. Als Hausaufgabe können KT eine kurze Präsentation über eine wichtige Erfindung oder einen berühmten Erfinder aus dem Heimatland vorbereiten (evtl. mit Fotos).

Arbeitsblatt 5: Gegenteile

Wortschatz: Erfindungen, Geräte
Grammatik: Passivsätze

1. Das Arbeitsblatt enthält nützliche Ausdrücke rund um die in A16 vorgestellten Geräte. KT sollen die Gegenteile nennen.
2. KT bilden Kleingruppen oder arbeiten allein und ergänzen die Antonyme.
3. Die Lösungen werden im Plenum kontrolliert.
4. Anschließend bilden KT der Reihe nach Passivsätze in allen Zeitformen (s. Aufgabe 2 auf dem Arbeitsblatt).

A17   1. KT ordnen den Bürogegenständen und Medien die Namen zu (Einzelarbeit).
2. Die Lösungen werden im Plenum überprüft.
3. Anschließend kann KL KT bitten, mit den Namen der Gegenstände Relativsätze zu bilden, z. B.: *Das Handy ist ein Gerät, mit dem man telefonieren kann.* usw.

A18   1. KT bilden Kleingruppen und äußern ihre Meinung über die verschiedenen Medien.
2. Die interessanten Informationen (z. B. die radikalsten Meinungen) werden im Plenum vorgestellt.
3. Die Grafik in Teil b wird im Plenum ausgewertet. Dabei wird der Wortschatz zur Beschreibung einer Grafik visualisiert.
4. KT können als schriftliche Hausaufgabe diese oder eine andere Grafik zum Thema (z. B. aus dem Internet) beschreiben und dabei die im Unterricht erarbeiteten Redemittel verwenden.

A19   1. KL erklärt die Aufgabe (s. Anweisungen im Buch) und liest die Informationen über die Sendungen vor. Unbekannte Wörter werden geklärt.
2. KT bilden Kleingruppen und planen ihren gemeinsamen Fernsehabend. KL kann auch pro Gruppe sechs Kärtchen mit den Sendetiteln schreiben, jeder KT zieht eine Karte und argumentiert für die Sendung auf seiner Karte.
3. Die Entscheidungen der Kleingruppen werden mit einer kurzen Begründung im Plenum vorgestellt.

A20   1. KT ordnen den Personen die Sendungen zu (Plenum oder Einzelarbeit).
2. KL kann danach z. B. die folgenden Fragen stellen: *Was für eine Sendung würden Sie gern im Fernsehen machen? Worüber würden Sie gern einen Film drehen?*
3. KT beantworten die Fragen im Plenum oder in Kleingruppen.

A21   1. KT hören die kurzen Gespräche und entscheiden, ob die Aussagen richtig oder falsch sind.
2. Anschließend können KT in Zweiergruppen mithilfe der Transkription eines der Kurzinterviews einüben und im Plenum vorstellen.
3. Danach geben KT ihre eigene Meinung zum Thema wieder.

A22   1. KL sammelt, strukturiert und visualisiert die (spontanen) Antworten der KT.
2. Je nach Antworten kann KL eine Diskussion im Plenum steuern. Dabei kann er auch auf die Aussagen aus dem Hörtext in A21 zurückgreifen. Die Übung sollte ein gewisses Zeitlimit nicht überschreiten.
3. Mit den wichtigsten Wörtern können die KT als Hausaufgabe oder im Unterricht jeweils einen Satz bilden.

A23
1. KT beantworten die Fragen in Kleingruppen. (KT aus verschiedenen Ländern sollten eine Kleingruppe bilden, wenn möglich.)
2. Die interessanten Informationen werden im Plenum vorgestellt.

Mögliche weiterführende Übung:
KL kann hier aus dem Lehrerhandbuch zu *Begegnungen A2⁺* die Arbeitsblätter „Wir schreiben eine Telenovela" (S. 123) und/oder „Ich habe einen guten Film gesehen" (S. 75) einsetzen.

Grammatikübersicht und Übungen zu den reflexiven Verben: C12–14

A24
1. Lesetext und Aufgabe zum Thema „Wer bestimmt das Fernsehprogramm?", s. Anweisungen im Buch (Plenum und Einzelarbeit)
2. Als Hausaufgabe können KT das Tagesprogramm eines deutschsprachigen Fernsehsenders aus dem Internet ausdrucken und schauen, ob die Programmgestaltung wirklich den im Lesetext beschriebenen Prinzipien entspricht, Variationen zur Textbearbeitung finden Sie auf S. 6.

A25 Die Übung dient zur Vorbereitung auf das *Zertifikat B1*. KT folgen den Anweisungen im Buch.

A26
1. Die Übung dient zur Festigung des Wortschatzes.
2. KT folgen den Anweisungen im Kursbuch in Teil a und b.
3. KT lösen Teil c in Einzelarbeit. Anschließend werden die Lösungen mit dem Nachbarn/der Nachbarin diskutiert.

A27
1. Diese Übung eignet sich zur Vorbereitung auf das *Zertifikat B1*.
2. KT schreiben ca. 80 Wörter. Die Bearbeitungszeit sollte etwa 20 Minuten betragen. KL weist KT darauf hin, dass auf Redemittel zur Meinungsäußerung und einen variationsreichen Satzbau geachtet werden muss.
3. Als Nachbesprechung kann KL einige Sätze an die Tafel schreiben und mögliche Satzbauvarianten besprechen.

A28
1. KT sammeln Antworten.
2. Danach schreibt KL die interessantesten Antworten zu jeder Frage an die Tafel.
3. KL analysiert und markiert zusammen mit den KT die Verbformen.
4. KL erarbeitet gemeinsam mit KT den Konjunktiv II und erläutert den Unterschied zum Indikativ.

Grammatikübersicht Verben: S. 88

Arbeitsblatt 6: Wären Sie/Hätten Sie …?

Wortschatz: Über sich erzählen
Grammatik: Konjunktiv Präsens und Perfekt

1. KL teilt die Arbeitsblätter aus und erklärt die Aufgabe: Auf dem Arbeitsblatt sind zehn hypothetische Fragen zu lesen.
2. Zuerst beantworten KT alle Fragen für sich, dann bilden sie Kleingruppen.
3. Da manche Fragen ziemlich persönlich sind, kann jeder KT entscheiden, zu welchen Fragen er sich auch äußern möchte.
4. KT diskutieren über die gewählten Fragen, am Ende gibt jeder eine Information wieder, die er von jemandem gehört hat und interessant findet.

(Einige Fragen aus: *Rolf Dobelli: Wer bin ich? Diogenes, Zürich 2007*)

A29
1. KL schlägt den Bogen zum Mittelaltertext (Vergangenheit) am Kapitelanfang und beginnt im Plenum mit den Sätzen zu Aufgabe 1 und der Erarbeitung des Konjunktivs II in der Vergangenheit.
2. Sätze zu Aufgaben 2, 3 und 4 werden in Kleingruppen gelöst.

Arbeitsblatt 7: Erzählen Sie etwas über …
1. KL kann die Unterlage als Arbeitsblatt benutzen oder kleine Karten vorbereiten.
2. KT suchen sich ein Thema aus oder ziehen eine Karte und erzählen etwas zum vorgegebenen Thema.

Variante:
1. KL stellt kleine Karten her, KT ziehen eine davon pro Person. Jeder KT ist Journalist, der eine Umfrage zum Thema auf der Karte machen soll.
2. KT formulieren einige Fragen schriftlich, KL hilft dabei, wenn nötig.
3. KT bewegen sich frei im Raum und machen Kurzinterviews.
4. Die Ergebnisse werden im Plenum vorgestellt.
5. Als Hausaufgabe können KT anhand einer Geschichte, die sie gehört haben, einen Kurzbericht für die Zeitung schreiben.

Arbeitsblatt 8: Grammatik- und Wortschatztraining
Grammatik- und Wortschatzübung zu den reflexiven Verben (nach A22 jederzeit einsetzbar)

Arbeitsblatt 9: Wiederholungstest
Der Test gibt KT Gelegenheit, sich zu überprüfen und eventuelle Fragen zu klären.

Arbeitsblatt 10: Prüfungsvorbereitung
Zusammenfassende Übung und Vorbereitung auf das *Zertifikat B1, Modul Lesen, Teil 1*, s. Übungssatz zur Prüfungsvorbereitung im Anhang des Kursbuchs

B   *fakultativ:* s. Hinweise S. 6

D   s. Hinweise S. 6

Kapitel 4

KL kann KT bitten, folgende Teile aus den früheren Bänden zu wiederholen:
Begegnungen A1⁺, Kapitel 6: Einkaufsgespräche (S. 149, 166)
Begegnungen A2⁺, Kapitel 4: Bürogegenstände (S. 98), Geschäftsbriefe (S. 114–115), Bezeichnungen für Geschäfte (S. 70), Einkaufsgespräch (S. 72)

Vorkenntnisse aktivieren
Als Einführung zum Thema „Werbung" kann KL z. B. folgende Fragen stellen und KT bitten, sie der Reihe nach zu beantworten: *Würden Sie gern Werbungen machen/in einem Werbespot vorkommen? Wenn ja, wofür?*

A1–2   1. Das Assoziogramm zum Thema „Werbung" wird im Plenum zusammengestellt.
2. Die restlichen Fragen aus A1 werden in Kleingruppen beantwortet.
3. Die interessanten Informationen werden im Plenum vorgestellt.
4. A2 wird im Plenum oder in Kleingruppen gelöst, s. Anweisungen im Buch.

A3   1. Vor dem Lesen kann KL z. B. folgende Fragen stellen: *Seit wann, glauben Sie, gibt es Werbung? Wie würden Sie das Wort definieren?*
2. Danach wird der Text über die Geschichte der Werbung gelesen und gehört. Für eine Variante s. auch: Anweisungen zu Arbeitsblatt 1.

Variationen zur Textbearbeitung finden Sie auf S. 6.

Arbeitsblatt 1: Werbung bis 1900

Wortschatz: Lesetext A3
Grammatik: kein besonderer Schwerpunkt

1. Das Arbeitsblatt enthält den Text A3 (CD 1.16) als Lückentext, in dem Nomen fehlen, deren erster und letzter Buchstabe vorgegeben ist.
2. KT versuchen, die Nomen bei geschlossenem Buch zu ergänzen, s. Anweisungen auf dem Arbeitsblatt.
3. Die Lösungen werden mit dem Buch oder der CD überprüft.

Variante:
Das ist eine schwierigere Aufgabe, die sich für lernstarke Gruppen eignet und vor allem die Hörfertigkeit schult.
1. KL spielt den Text bei geschlossenem Buch zweimal vor.
2. Danach teilt KL das Arbeitsblatt aus, KT versuchen, den Text aus dem Gedächtnis zu ergänzen.
3. Der Text wird noch einmal angehört, KT kontrollieren ihre Lösungen.
4. Erst jetzt wird der Text im Buch gelesen. Diese Übung schult die Hörfertigkeit.

A4–7   Wortschatzübungen zum Lesetext A3, s. Anweisungen im Buch (Einzelarbeit)

A8   KT können zu A8 eine kurze Präsentation über ihre Lieblingswerbung oder eine besonders unsympathische Werbung vorbereiten und diese im Unterricht vortragen.

A9   1. Diese Übung dient zur Vorbereitung auf die Prüfung *Zertifikat B1*.
        2. KL stellt die Aufgabe zunächst vor.
        3. KL bespricht die Redemittel zur Diskussion: KT sollen die Redemittel den folgenden Stichpunkten zuordnen: eigene Meinung/Vorschlag/Zustimmung/Ablehnung/Einigung. KL kann im Plenum weitere Redemittel sammeln und visualisieren.
        4. Danach folgt die Diskussion in Partnerarbeit.
        5. Die interessantesten Ergebnisse zu den vier Punkten werden im Plenum zusammengefasst.

A10   Wiederholung zu den Relativsätzen, s. Anweisungen im Buch (Plenum und Einzelarbeit)

        Mögliche weiterführende Übung: (zur kommunikationsorientierten Wiederholung der Relativsätze)
        1. KT bilden Zweiergruppen. Zuerst notiert sich jeder KT individuell zwei oder drei *Was für*-Fragen, die sie dem Gesprächspartner stellen oder gerne selbst beantworten würden, z. B.: *Mit was für Menschen verbringen Sie gerne Ihre Freizeit? In was für einem Haus wohnen Sie?* usw.
        2. Die Fragen werden im Plenum vorgelesen und korrigiert. Jeder KT schreibt sich ein oder zwei zusätzliche Fragen auf, die er interessant findet.
        3. Bevor die Fragen mündlich beantwortet werden, kann die Aussprache der *d*- und *t*-Laute geübt werden, s. auch *Begegnungen A2⁺*, Kapitel 3: S. 75.
        4. KT wählen zwei Fragen aus ihrer ursprünglichen Liste aus und stellen sie dem Gesprächspartner. Danach geben sie auch eine Antwort.
        5. Die in Schritt 2 notierten Fragen werden im Plenum gestellt. Die Person, die die Frage (in Schritt 1) geschrieben hat, beantwortet sie im Plenum.

        Grammatikübersicht und Übungen zu Relativsätzen: C14–18

Arbeitsblatt 2: Verbesserungsvorschläge

Wortschatz: Produktbeschreibung
Grammatik: Relativsätze, Konjunktiv II

1. KL teilt die Arbeitsblätter aus und erklärt die Aufgabe: Auf dem Arbeitsblatt sind vier Alltagsgegenstände zu sehen, die wir verbessern möchten.
2. KT bilden Kleingruppen, wählen sich einen oder mehrere Gegenstände aus und machen mithilfe der Redemittel auf dem Blatt Verbesserungsvorschläge.
3. Die verbesserten Produkte werden im Plenum vorgestellt. Die Gruppe kann am Ende zusammen entscheiden, welches verbesserte Produkt sie am besten findet.

A11–12 Werbeanzeigen lesen und analysieren, s. Anweisungen im Buch (Plenum und Einzelarbeit)

A13–14 Wiederholung zur Komparation der Adjektive, *je … desto*-Konstruktionen, s. Anweisungen im Buch (Plenum, Einzelarbeit). Siehe auch die zu ergänzende Tabelle im Lehrerhandbuch zu *Begegnungen A2⁺* auf S. 126 und zur kommunikationsorientierten Wiederholung das Arbeitsblatt „Rekorde in der Gruppe" auf S. 117.

Grammatikübersicht und Übungen zur Komparation der Adjektive: C1–5

A15–17 1. Wenn KL es für nötig hält, können KT zuerst die Tabelle zum Kasussystem aus dem Lehrerhandbuch zu *Begegnungen A2⁺*, S. 112 ergänzen.
2. Danach werden die Aufgaben A15 bis 17 im Plenum gelöst.

Mögliche weiterführende Übung:
1. Um die Sätze der Aufgaben 16 und 17 aktiv zu verwenden, kann KL KT bitten, eine alternative Werbung zu entwerfen, z. B. eine grüne Werbung (für umweltfreundliche Produkte, bessere Ernährung, die Reduzierung des Energiekonsums), eine Werbung gegen Werbungen oder eine Werbung für ein vollkommen nutzloses Produkt (z. B. für ein Gerät, mit dem man den eigenen Rücken sehen kann) usw. Beim Lösen der Aufgabe können sich KT an den Fragen in A8 orientieren.
2. KT arbeiten in Kleingruppen und stellen anschließend ihre Werbung im Plenum vor.

Grammatikübersicht und Übungen zur Adjektivdeklination: C6–11

Arbeitsblatt 3: Gegenstände

Wortschatz: Alltagsgegenstände, Adjektive
Grammatik: Artikel- und Adjektivdeklination

1. Jeder KT zieht eine Karte mit einem Alltagsgegenstand. KT suchen ein passendes Adjektiv und stellen den Gegenstand mit einem kurzen Satz vor, z. B.: *Das ist ein hochmoderner Kühlschrank/eine energiesparende Kaffeemaschine* usw. Danach werden die Karten an den Nachbarn weitergegeben.
2. In der zweiten Runde kann KL z. B. eine Frage stellen, die KT mit dem Namen des Gegenstands im Akkusativ beantworten müssen, z. B.: *Was hat sich Onkel Franz letzte Woche gekauft? Worüber hat sich Tante Judith gestern gefreut?* (KL entscheidet, ob in der Antwort das Adjektiv aus der ersten Spielrunde oder ein anderes benutzt werden muss).
3. KT beantworten der Reihe nach die Frage und geben die Karte wieder weiter. Diesmal stellt KL eine neue Frage, auf die der Dativ verwendet werden muss, z. B.: *Wovon träumt Onkel Sepp?*
4. Das Spiel geht so lange, bis alle Nomen mindestens einmal vollständig dekliniert worden sind.

Variante:
Statt Karten können KT Gegenstände, die ihnen gehören, benutzen.

A18, Arbeitsblatt 4: Produktpräsentation

KT präsentieren verschiedene Produkte, s. Anweisungen im Buch (Kleingruppenarbeit, Plenum).

Variante:
1. KT arbeiten in Kleingruppen und schreiben ihre Werbetexte.
2. Jeder KT zieht eine Karte mit seiner Rollenbeschreibung für die erste Produktpräsentation. (Bei größeren Gruppen sollte KL zwei Kartensätze machen.)
3. Ein Vertreter der Kleingruppe 1 stellt sein Produkt vor, die anderen KT verhalten sich während der Präsentation ihren Rollen entsprechend.
4. Vor der zweiten Präsentation werden die Karten neu ausgeteilt.
5. Nach zwei Runden stellen die Kleingruppen ihre Produkte ohne Rollenspiel vor. (Sonst wird die Aufgabe unnötig lang.)

Mögliche weiterführende Übung:
1. KL bittet KT, einen Faulenzapparat zu entwerfen.
2. KT bereiten ihre Präsentationen in Kleingruppen vor und stellen das Gerät dann im Plenum vor.

A19   1. KT bereiten ihre Vorträge über ein typisches Produkt aus dem Heimatland zu Hause vor.
      2. In der nächsten Unterrichtsstunde wird das Produkt vorgestellt, KT könnten zur Veranschaulichung das Produkt oder ein Foto davon mitbringen. Statt der Aufgabenstellung im Buch kann KL auch folgende Frage stellen: *Was vermissen Sie aus Ihrem Heimatland, wenn Sie im Ausland sind?*

A20   Hörverstehen, einen Kühlschrank kaufen, s. Anweisungen im Buch (Plenum)

Arbeitsblatt 5: Einen Kühlschrank kaufen

Wortschatz: Hörtext A20
Grammatik: Artikel- und Adjektivdeklination

1. In diesem Lückentext (Dialog A20: CD 1.17) fehlen die Artikel- und Adjektivendungen.
2. KT ergänzen die Endungen, die Lösungen werden im Plenum überprüft.
3. Anschließend können KT als Wiederholung die Regeln für die Artikel der im Text stehenden Nomen formulieren.

A21–22   Produkte kaufen, Wortschatzübungen und Rollenspiele, s. Anweisungen im Buch (Einzel- und Partnerarbeit, Plenum)

A23–24   1. KL erläutert den Gebrauch und die Wortstellung in Konstruktionen mit Partizipien als Adjektive. (Sie stehen immer vor dem Nomen, auf das sie sich beziehen.)
         2. Anschließend werden die Aufgaben A23 und 24 im Plenum gelöst.

Grammatikübersicht und Übungen zu Partizipien als Adjektive: C12–13

Arbeitsblatt 6: Über etwas berichten

Wortschatz: Produktbeschreibung
Grammatik: Passiv, Relativsätze, Adjektivdeklination, Partizipien als Adjektive

KL teilt das Arbeitsblatt aus, KT wählen sich ein oder mehrere Stichpunkte aus, über die sie schriftlich oder mündlich berichten möchten. Die Aufgabe ist natürlich interessanter, wenn KT die Gegenstände, über die sie erzählen, in die Stunde mitbringen.

A25–26   Über Konsumverhalten diskutieren, ein passendes Geschenk finden, s. Anweisungen im Buch (Partnerarbeit und Plenum). KL kann KT auch bitten, fünf Fragen aus A25 schriftlich als Hausaufgabe zu beantworten.

A27–29   Sich beschweren, Lesetext und Rollenspiele,
         s. Anweisungen im Buch (Plenum und Partnerarbeit)

A30   1. KL erläutert den Gebrauch des Verbs *werden*: Es betont die Absicht des Sprechers.
      2. KT konjugieren das Verb und lösen dann die Aufgabe A30.

      Mögliche weiterführende Übung:
      KL kann KT bitten, z. B. ihre guten Vorsätze für den nächsten Tag/das Wochenende /nächstes Jahr/die nächsten zehn Jahre oder Zukunftsprognosen zu formulieren (Plenum oder Kleingruppenarbeit), dazu s. auch C20 und C21.

      Grammatikübersicht und Übungen zum Verb werden: C20–21

A31–32   Wortschatzübungen und E-Mail zum Thema „Beschwerde". Beide Übungen eignen sich als Hausaufgabe. Die Aufgabe kann ergänzt werden durch C19.

Arbeitsblatt 7: Activity

Wortschatz: Gegenstände und Geräte
Grammatik: kein besonderer Schwerpunkt

1. Das ist eigentlich ein Activity-Spiel nur ohne Spielbrett, mit Karten, auf denen Wörter aus den Kapiteln 6 und 7 stehen.
2. KT bilden Dreiergruppen. Außer des zu ratenden Wortes steht auch ein Symbol auf der Karte, das zeigt, ob man es mit Pantomime darstellen, zeichnen oder umschreiben muss.
3. Zuerst zieht jemand aus Kleingruppe 1 eine Karte und versucht, seiner Kleingruppe das Wort auf die vorgegebene Weise zu erklären. Die Gruppe hat 30 Sekunden, um das Wort zu raten.
4. Wenn sie es nicht gefunden hat, dann dürfen jetzt auch die anderen Kleingruppen raten. Die Gruppe, die richtig geraten hat, erhält zwei Punkte.
5. Nach fünf oder sechs Spielrunden werden die Punkte zusammengezählt. Die Kleingruppe mit den meisten Punkten hat gewonnen.
6. Wenn KT das Spiel interessant finden, dann können sie weitere Karten herstellen.

Arbeitsblatt 8: Grammatik- und Wortschatztraining

Grammatik- und Wortschatzübung zu Partizipialkonstruktionen (nach A23 jederzeit einsetzbar)

Arbeitsblatt 9: Wiederholungstest

Der Test gibt KT Gelegenheit, sich zu überprüfen und eventuelle Fragen zu klären.

Arbeitsblatt 10: Prüfungsvorbereitung

Zusammenfassende Übung und Vorbereitung auf das *Zertifikat B1, Modul Lesen, Teil 4,* s. Übungssatz zur Prüfungsvorbereitung im Anhang des Kursbuchs

B   *fakultativ:* s. Hinweise S. 6

D   s. Hinweise S. 6

Kapitel 5

KL kann KT bitten, folgende Teile aus den früheren Bänden zu wiederholen:
Begegnungen A2⁺, Kapitel 1: Schule und Ausbildung (S. 13–14, 32)

Geeignete Texte aus den fakultativen Teilen früherer Bände:
Begegnungen A2⁺, Kapitel 1: Akademische Berufe, Gute Zeiten für Akademiker? (S. 22–23)

Vorkenntnisse aktivieren

KL kann als Einführung z. B. folgende Fragen stellen: *Glauben Sie, dass Sie anders sind, wenn Sie eine Fremdsprache sprechen? Wenn ja: Wo sind die Unterschiede?* (Körpersprache, Mimik, Denken usw.)
Oder: *Haben Sie schon mal Deutschsprachige Ihre Muttersprache sprechen hören? Was für Fehler machen sie?* (Akzent, Grammatik, Wortfolge usw.)
Die letzteren Fragen können KT auf einige Unterschiede zwischen der eigenen und der deutschen Sprache aufmerksam machen.

A1   1. KT beantworten die Fragen in Kleingruppen.
        2. Die Ergebnisse der Diskussion werden im Plenum vorgestellt.

A2   1. In Teil a sammeln KT in Kleingruppen Lerntipps. Jede Kleingruppe entscheidet frei, ob sie Tipps für Deutschlerner/Menschen, die ihre Muttersprache lernen wollen oder allgemeine Ratschläge sammelt.

2. Die Tipps werden im Plenum besprochen und anschließend mit den Tipps in Teil b verglichen. (Diese Tipps kommen von Kató Lomb, einer Ungarin, die siebzehn Sprachen spricht.)
3. Zum Schluss können KT im Plenum noch folgende Fragen besprechen: *Kennen Sie sprachbegabte Menschen? Was können diese Menschen besser als Sie? Haben sie Geheimrezepte?*

A3
1. KT entscheiden für sich, inwieweit sie mit den Aussagen über das Sprachlernen einverstanden sind.
2. Danach werden Kleingruppen gebildet, die entweder alle Aussagen diskutieren oder nur diejenigen, zu denen die Mitglieder der Gruppe unterschiedliche Meinungen haben.
3. Die Ergebnisse werden im Plenum vorgestellt.

A4–7
1. KT schlagen die in A4 angegebenen Wörter nach. KL kann KT noch einmal an die Strategien zum Lernen neuer Wörter erinnern, die in A1 genannt worden sind.
2. Danach wird der Text gelesen und gehört, die Aufgaben zum neuen Wortschatz werden gelöst, s. Anweisungen im Buch (Plenum und Einzelarbeit).

Variationen zur Textbearbeitung finden Sie auf S. 6.

Arbeitsblatt 1: Wie landet das Wort im Kopf?

Wortschatz: Lesetext A5
Grammatik: kein besonderer Schwerpunkt

1. Das Arbeitsblatt enthält den Text A5 (CD 2.02) als Lückentext, in dem 20 Wörter fehlen.
2. KT hören den Text noch einmal und ergänzen die fehlenden Wörter.
3. Die Lösungen werden mit dem Buch überprüft.

A8–9
Wörternetz und Wortschatzübung zum Thema „Sprachenlernen", s. Anweisungen im Buch (Einzel- oder Kleingruppenarbeit, Plenum)

A10
1. KL erläutert den Gebrauch von *andernfalls* und *sonst* und macht darauf aufmerksam, dass diese Wörter sowohl auf Position I als auch nach dem konjugierten Verb stehen können.
2. Danach wird Aufgabe A10 gelöst.
3. KT können anschließend einige Ratschläge formulieren, die sie als Kind in der Schule/zu Hause bekommen haben, z. B.: *Zieh dich warm an, sonst erkältest du dich noch. Sei nett, sonst wirst du keine Freunde finden.* usw.

Grammatikübersicht und Übungen zu Konditionalangaben: C1–4

A11
1. Dieser Übungstyp entspricht Leseverstehen, Teil 4, aus der Prüfung *Zertifikat B1*.
2. KT folgen den Anweisungen. Die Übung kann als Partner- oder Einzelarbeit eingesetzt werden.

Arbeitsblatt 2: Fragen über das Sprachenlernen

Wortschatz: Sprachenlernen, Meinungsäußerung
Grammatik: kein besonderer Schwerpunkt

1. KL teilt die Arbeitsblätter aus, auf denen einige persönliche Fragen zum Thema „Sprachenlernen" stehen.
2. KT wählen sich vier bis fünf Fragen aus und beantworten diese zuerst für sich. (Die Fragen können auch als Hausaufgabe schriftlich beantwortet werden.)
3. KT äußern im Plenum oder in Kleingruppen ihre Meinungen zu zwei oder drei gewählten Fragen.

Neben der Vertiefung des neuen Wortschatzes kann diese Übung KT auf einige Faktoren, die ihre Leistungen beim Sprachenlernen beeinträchtigen könnten, aufmerksam machen (z. B. Stress, unzutreffende Vergleiche, unrealistische Erwartungen an sich selbst).

A12
1. Diese Übung eignet sich zur Vorbereitung auf das *Zertifikat B1*.
2. KT schreiben ca. 80 Wörter. Die Bearbeitungszeit sollte etwa 20 Minuten betragen.
3. KL weist KT darauf hin, dass KT auf Redemittel zur Meinungsäußerung und einen variationsreichen Satzbau achten. Alle Punkte müssen bearbeitet werden.

Arbeitsblatt 3: Lernerfahrungen

Wortschatz: Lernen, Sprachenlernen
Grammatik: Perfekt, Satzbau

Diese Übung eignet sich als Überleitung zum Thema „Lebenslanges Lernen".
1. KT bilden Zweiergruppen und ziehen eine Karte pro Gruppe.
2. Sie stellen ihre Erfahrungen zum Thema dar und schreiben ggf. als Hausaufgabe einen Text dazu.

Variante:
1. KT bilden Zweiergruppen und ziehen eine Karte pro Gruppe. Über dieses Thema werden sie sich vor der nächsten Unterrichtsstunde schriftlich austauschen.
2. KT 1 beginnt den Briefwechsel: Er erzählt KT 2 seine Erfahrungen per E-Mail. (KL sollte diese E-Mail zuerst korrigieren und erst dann an KT 2 weiterleiten.)
3. KT 2 beantwortet die (korrigierte) E-Mail von KT 1. KT 1 reagiert ggf. auf den Bericht von KT 2. (Diese kürzeren Berichte können auch ohne Korrektur abgeschickt werden, sonst ist die Arbeitsbelastung für KL zu groß.)
4. Einige Berichte werden in der nächsten Unterrichtsstunde vorgelesen.

A13 KT beantworten die Frage *Was möchten Sie unbedingt noch lernen?* im Plenum, danach berichten sie in Kleingruppen oder im Plenum über Fortbildungsmöglichkeiten im Heimatland, s. auch Anweisungen im Buch.

A14 KT ordnen den Personen die passenden Anzeigen zu, s. Anweisungen im Buch (Einzelarbeit). Eine ähnliche Aufgabe enthält auch das *Zertifikat B1, Modul Lesen, Teil 3*, s. Anhang 1 des Kursbuchs.

A15 1. Die Übersicht zeigt die Bildung von Finalangaben. Die *um-zu*-Konstruktionen wurden in Kapitel 4 schon eingeführt. KL erläutert den Gebrauch von *damit*. Er erklärt auch, dass Infinitivsätze nur dann benutzt werden können, wenn das Subjekt in beiden Satzteilen gleich ist.
2. Anschließend wird die Aufgabe A15 gelöst.

Grammatikübersicht und Übungen zu Finalangaben: C5–7

Arbeitsblatt 4: Was nehmen Sie mit?

Wortschatz: Gegenstände, Tätigkeiten
Grammatik: Finalangaben, Adjektivdeklination, Partizipien

1. KL bereitet zwei Kartensätze vor, einen mit den Nomen und einen mit den Adjektiven und Partizipien, und legt diese auf einen freistehenden Tisch oder auf den Boden.
2. KT setzen sich um die Kartensätze herum, danach sagt KL z. B. Folgendes: *Wir gehen auf eine Studienreise nach … (Japan, Paris usw.) und nehmen verschiedene Sachen und Personen mit.*
3. Danach zieht er eine Karte mit einem Nomen und eine andere mit einem Adjektiv/Partizip und bildet einen Satz, der eine Finalangabe enthält. Beispiel: *Katze* und *singend*. KL sagt: *Ich nehme auf diese Reise nach … (Paris) eine singende Katze mit, um abends bei Gesang einschlafen zu können/damit sie französische Lieder lernen kann.* usw.
4. KT 1 zieht zwei andere Karten und bildet einen neuen Satz. (KL kann KT bitten, die Sätze der anderen KT zu wiederholen.)
5. Das Spiel geht so lange, bis jeder KT ein oder zwei Sätze gebildet hat.

Mögliche weiterführende Übung:
1. KL bittet KT, sich auf drei Kärtchen solche Warum-Fragen zu notieren, die sie selbst gern beantworten würden (z. B.: *Warum lernen Sie Deutsch? Warum gehen Sie nach der Deutschstunde in die Stadt? Warum haben Sie ein knallrotes Sofa im Wohnzimmer?* usw.)
2. Entweder bilden KT Zweiergruppen und geben dem Gesprächspartner die Karten mit den eigenen Fragen oder KL sammelt diese ein und teilt sie wieder aus.
3. Die Fragen werden vorgelesen, jede Frage wird von der Person beantwortet, die sie geschrieben hat.

A16   Informationen über Kurse per E-Mail erfragen, s. Anweisungen im Buch (Einzelarbeit)

A17
1. Vor dem Hören kann KL KT bitten, den Ausdruck *lebenslanges Lernen* zu definieren und die Definition mit einigen Beispielen zu belegen.
2. KL spielt den Hörtext zweimal vor, KT kreuzen die richtigen Antworten an (A17a). Eine ähnliche Aufgabe enthält auch das *Zertifikat B1, Modul Hören, Teil 1*, s. Anhang 1 des Kursbuchs.
3. Anschließend werden die Aufgaben in Teil b und c im Plenum gelöst.

Arbeitsblatt 5: Lebenslanges Lernen

Wortschatz: Hörtext in A17
Grammatik: Nomen-Verb-Verbindungen

1. KL teilt die Arbeitsblätter aus: KT 1 bekommt Arbeitsblatt A, KT 2 Arbeitsblatt B. Auf beiden Arbeitsblättern stehen häufig verwendete Nomen-Verb-Verbindungen aus dem Hörtext A17 (CD 2.03).
2. In Aufgabe 1 hat KT 1 eine Liste von Nomen-Verb-Verbindungen, aber ohne das Verb. Die Verbenliste hat KT 2. KT ergänzen die Ausdrücke zusammen (s. auch die Anweisungen auf dem Arbeitsblatt).
3. In Aufgabe 2 werden die Rollen getauscht.

A18–19   Über Weiterbildungen sprechen, eine Weiterbildung organisieren, s. Anweisungen im Buch (Kleingruppenarbeit, Plenum). Eine ähnliche Aufgabe wie A19 enthält auch das *Zertifikat B1, Modul Sprechen, Teil 1*, s. Anhang 1 des Kursbuchs.

A20   Diese Aufgabe stellt einige häufig benutzte Nomen-Verb-Verbindungen vor. KL erläutert die Regeln für den Gebrauch solcher Konstruktionen (sie verleihen der Sprache einen offiziellen Charakter), danach wird die Aufgabe A20 gelöst.

Grammatikübersicht und Übungen zu Nomen-Verb-Verbindungen: C8–9

Arbeitsblatt 6: Was kann man …?

Wortschatz: Arbeit, Lernen
Grammatik: Nomen-Verb-Verbindungen

1. Auf dem Arbeitsblatt steht eine Liste miteinander kombinierbarer Nomen und Verben.
2. KT ordnen den Verben die passenden Nomen zu (Kleingruppen- oder Einzelarbeit).
3. Die Lösungen werden im Plenum kontrolliert.

A21   Diskussionsaufgaben und Lesetexte über Lernen und Musik, günstige Positionen beim Lernen, s. Anweisungen im Buch (Kleingruppenarbeit, Plenum)

Variante:
1. Eine Hälfte der Lerngruppe liest (und hört) Text 1, die andere Text 2.
2. KT, die Text 1 gelesen haben, bilden Zweiergruppen mit KT, die Text 2 gelesen haben. Mithilfe der Wortvorgaben in Teil c berichten sich die Gesprächspartner gegenseitig über den eigenen Text.
3. Anschließend werden beide Texte gehört und gelesen.
4. Die Fragen in Teil d werden im Plenum beantwortet.

Weitere Variationen zur Textbearbeitung finden Sie auf S. 6.

A22   Wortschatzübungen zum Lesetext A21, s. Anweisungen im Buch (Einzelarbeit)

A23
1. Als Einführung ins neue Thema „Schule und Noten" können KT zuerst ein Assoziogramm erstellen und dadurch die in *Begegnungen A2+* gelernten Redemittel auffrischen (S. 32). KL kann diese Seite auch kopieren und im Unterricht austeilen.
2. KT diskutieren in Kleingruppen über ihre Schulerlebnisse und beantworten dabei einige oder alle Fragen in A23.
3. Die interessanten Informationen werden im Plenum vorgestellt.
4. Die letzte Frage *Sind die Schulnoten objektiv?* kann im Plenum beantwortet werden, da sie eine geeignete Überleitung zu den Kurztexten in A24 darstellt.

Begegnungen B1⁺

A24–25 1. Die Texte in A24 werden im Plenum oder in Einzelarbeit gelesen. Um die Aussprache zu schulen, kann KL jeden KT bitten, einige Sätze laut vorzulesen. Der Schwerpunkt könnte dabei auf der Aussprache von *s, st, sch* liegen. Für weitere Phonetikübungen dazu s. auch *Begegnungen A1⁺*: S. 13, 124; *Begegnungen A2⁺*: S. 229.
  2. Die Aufgaben zur Textbearbeitung werden in Einzelarbeit gelöst.

Variationen zur Textbearbeitung finden Sie auf S. 6.

A26 1. KL erläutert den Gebrauch von *ver-*, danach wird die Aufgabe im Plenum gelöst.
  2. Anschließend kann KL KT bitten, passende Nomen zu den Verben in der Übung zu sammeln.

A27 Diskussion über den Sinn der Schulnoten, schriftlicher Bericht über die Noten im Heimatland, s. Anweisungen im Buch (Kleingruppenarbeit, Einzelarbeit, Plenum). In Teil b kann KL evtl. die Smileys auf Arbeitsblatt 4 zu Kapitel 6 austeilen, KT nehmen dann mit dem Gesichtsausdruck ihres Smiley Stellung zur Frage, ob Schulnoten sinnvoll sind. Teil c eignet sich als Hausaufgabe.

A28 KL erläutert den Gebrauch und die Deklination der Demonstrativpronomen *dieselbe, dasselbe* usw.

Grammatikübersicht und Übungen zu den Demonstrativpronomen: C10–11

Arbeitsblatt 7: Lebensweisheiten

Wortschatz und Grammatik: kein besonderer Schwerpunkt

1. KL teilt die Arbeitsblätter aus: KT 1 bekommt Arbeitsblatt A und KT 2 Arbeitsblatt B. Auf dem Arbeitsblatt stehen entweder die Anfänge oder die Enden der Lebensweisheiten aus A29 und einige zusätzliche Aphorismen berühmter Menschen.
2. KT bilden Zweiergruppen und versuchen, die Sätze zu rekonstruieren.
3. Die Lösungen werden im Plenum kontrolliert.

A29 1. Wenn Arbeitsblatt 7 nicht benutzt worden ist, dann werden die Lebensweisheiten berühmter Menschen im Plenum gelesen.
  2. KL kann KT bitten, in die nächste Deutschstunde nützliche/lustige Lebensweisheiten oder Sprichwörter aus dem Heimatland mitzubringen.

Arbeitsblatt 8: Grammatik- und Wortschatztraining
Grammatik- und Wortschatzübung zu Nomen-Verb-Verbindungen (nach A20 jederzeit einsetzbar)

Arbeitsblatt 9: Wiederholungstest
Der Test gibt KT Gelegenheit, sich zu überprüfen und eventuelle Fragen zu klären.

Arbeitsblatt 10: Prüfungsvorbereitung
Zusammenfassende Übung und Vorbereitung auf das *Zertifikat B1, Modul Lesen, Teil 2,* s. Übungssatz zur Prüfungsvorbereitung im Anhang des Kursbuchs

---

B *fakultativ:* s. Hinweise S. 6

D s. Hinweise S. 6

Kapitel 6

KL kann KT bitten, folgende Teile aus den früheren Bänden zu wiederholen:
Begegnungen A1⁺, Kapitel 6: Verkehrsmittel, Eine Fahrkarte kaufen (S. 152–154)
Begegnungen A2⁺, Kapitel 5: Urlaubsorte beschreiben (S. 132–133), Gespräche im Reisebüro (S. 137–138),
Über einen guten/schlechten Urlaub berichten (S. 142), Redemittel zur Hotelbuchung (S. 158),
Kapitel 8: Umwelt (S. 224–225)

Geeignete Texte aus den fakultativen Teilen früherer Bände:
Begegnungen A1⁺, Kapitel 6: Urlaubsreise: Leider nein (S. 157), Billige Türkei, teures Frankreich (S. 158)
Begegnungen A2⁺, Kapitel 5: Mystische Orte in Deutschland (S. 148–150), Kapitel 2: Trinkgeld (S. 84),
Teure Städte (S. 85)

Vorkenntnisse aktivieren
Arbeitsblatt 1: Zusammengesetzte Wörter

Wortschatz: Verkehr
Grammatik: Relativsätze, Satzbau

1. KL teilt die Karten aus, jeder KT kann eine oder mehrere davon bekommen. Auf jeder Karte steht ein zusammengesetztes Wort, das mit dem Thema „Verkehr" zusammenhängt. KT haben die Aufgabe, diese Wörter zu definieren. (Die Wörter sollten aus *Begegnungen A1⁺* und *A2⁺* bekannt sein.)
2. KT 1 beginnt das Spiel, indem er sein Wort definiert. Die Gruppe rät das Wort.
3. Danach darf derjenige, der es gefunden hat, sein Wort definieren.
4. Die Regeln zur Aussprache der Komposita werden wiederholt, s. auch *Begegnungen A1⁺*: S. 203; *Begegnungen A2⁺*: S. 38. KL sollte die Aussprache dieser Wörter auch später konsequent korrigieren.
5. KL kann KT bitten, weitere Wörter zum Thema „Verkehr" (Verkehrsmittel, Gegenstände, Reiseunterlagen usw.) zu sammeln.

A1   Hörübung zum Thema „Ärger im Straßenverkehr", s. Anweisungen im Buch (Plenum). Eine ähnliche Aufgabe enthält auch das *Zertifikat B1, Modul Hören, Teil 1*, s. Anhang 1 des Kursbuchs.

Arbeitsblatt 2: Das war doch anders!

Wortschatz: Hörtext A1
Grammatik: kein besonderer Schwerpunkt

1. Das Arbeitsblatt enthält die Transkription des Hörtextes A1 (CD 2.06), aber es stecken in jedem Kurzinterview drei falsche Angaben.
2. KT hören die Texte von der CD und versuchen, die Fehler zu finden (Einzelarbeit).
3. Anschließend werden die Lösungen mit denen des Nachbarn verglichen.

A2   1. KT beantworten die Fragen in Kleingruppen. Als Antwort auf Frage 2 kann jede Kleingruppe die Dinge, die im Verkehr nerven, nach ihrer Wichtigkeit ordnen.
2. Es werden neue Kleingruppen mit KT aus den verschiedenen bisherigen Kleingruppen gebildet. KT vergleichen ihre Listen und begründen kurz ihre Meinung.
3. Die Listen werden im Plenum vorgestellt.

A3   1. KT arbeiten allein oder in Zweiergruppen und ordnen den Kategorien die Nomen zu.
2. Die Lösungen werden im Plenum kontrolliert. KL kann KT bitten, auch die Artikel und Regeln zur Artikelbestimmung zu nennen.
3. KL kann zum Schluss einige Verben mit Akkusativ, Dativ oder präpositionalem Kasus an die Tafel schreiben und KT bitten, mit jedem vorgegebenen Verb einen Satz oder einen ganz langen Satz mit einem der Verben zu bilden.

A4–9   Lese- und Hörtext über die Geschichte der Berliner U-Bahn, Aufgaben zum Textverstehen, Wiederholung von Passivsätzen, s. Anweisungen im Buch (Plenum, Einzelarbeit). Variationen zur Textbearbeitung finden Sie auf S. 6.

Arbeitsblatt 3: Die Berliner U-Bahn

> **Wortschatz: Lesetext in A4**
> **Grammatik: Konjugation, Deklination der Nomen**
>
> 1. KL teilt die Arbeitsblätter aus: KT 1 bekommt Arbeitsblatt A und KT 2 Arbeitsblatt B. Auf beiden Arbeitsblättern steht ein Lückentext zu Lesetext A4, aber nicht die gleichen Wörter fehlen.
> 2. KT ergänzen bei geschlossenem Buch die fehlenden Wörter, danach überprüfen sie ihre Lösungen mit dem Text des Nachbarn.

A10
1. KT erläutert den Gebrauch von Städtenamen als Adjektiv z. B. an KT bekannten Beispielen wie *Wiener Walzer, Wiener Schnitzel, Kölner Dom.*
2. Danach wird A10 im Plenum gelöst.

A11–12
1. KL erläutert die Bildung des Plusquamperfekt oder bittet KT, es zu tun. Danach wird der Gebrauch dieser Zeitform erklärt: Sie drückt Nicht-Gleichzeitigkeit aus.
2. Anschließend werden die Aufgaben A11 und A12 gelöst.

Grammatikübersicht und Übungen zum Plusquamperfekt: C1–2

A13
KL erläutert die Regeln zum Gebrauch von *nachdem* und *bevor*, danach wird die Aufgabe im Plenum gelöst.

Mögliche weiterführende Übung:
1. KL oder jemand in der Gruppe spielt eine Reihe von Handlungen vor (z. B.: *Er kommt nach Hause, öffnet den Briefkasten, nimmt die Zeitung heraus, setzt sich auf das Sofa, liest die Zeitung, findet einen lustigen Artikel und beginnt zu lachen.* o. ä.).
2. Anschließend formulieren KT Sätze mit *nachdem, bevor* und evtl. *als.*

Grammatikübersicht und Übungen zu Temporalsätzen: C3–10

A14
Wortschatzübung zum Thema „Auto", s. Anweisungen im Buch (Einzelarbeit, Plenum)

A15
1. Die Fragen in A15 können sowohl mündlich (in Kleingruppen) oder schriftlich als Hausaufgabe beantwortet werden.
2. Wenn KT es interessant finden, dann können sie sich hier auch über das Thema „Verkehr und Umwelt" kurz austauschen, s. dazu auch *Begegnungen A2⁺*, Kapitel 8.

Arbeitsblatt 4: Smileys

> **Wortschatz: Verkehr, Vorschläge, Redemittel zur Debatte**
> **Grammatik: Konjunktiv II, Konjunktionen**
>
> 1. In dieser Aufgabe geht es um eine Debatte zum Thema „Brauchen Sie überhaupt das Auto?". Im Zusammenhang damit kann KL z. B. eine der folgenden Aussagen zur Debatte stellen: *Ich kann auf das Auto nicht verzichten./Ich werde nie wieder mit dem Auto fahren.* Oder: *Ich nehme immer/nie mein Auto, wenn ich in den Urlaub fahre.* Oder: *In einer Großstadt ist das Auto unentbehrlich/völlig überflüssig.*
> 2. KT ziehen jeweils eine Karte. In der ersten Runde bilden KT mit lächelnden Smileys eine Kleingruppe und KT mit traurigen Smileys eine andere. (Bei größerer Teilnehmerzahl können KT jeweils zwei Kleingruppen bilden.)
> 3. KT mit lächelnden Smileys sammeln Argumente gegen das Auto, KT mit traurigen Smileys dafür.
> 4. Danach werden Zweiergruppen gebildet: Jeder KT debattiert mit einer Person aus der anderen Gruppe. Ziel der Debatte kann sein, einen Kompromiss zu finden oder den Gesprächspartner auf seine Seite zu ziehen. Die Redemittel zur Meinungsäußerung aus Kapitel 2 (S. 44) können hier wieder eingesetzt werden.
> 5. Die Ergebnisse der Debatten werden im Plenum vorgestellt, anschließend sagen KT ihre eigene Meinung zum Thema.
>
> Diese Karten können bei Debatten und Diskussionen jederzeit eingesetzt werden, s. z. B. Hinweise zu Kapitel 2 (A14), Kapitel 5 (A27).

A16–17   1.   Lesetext zum Thema „Kuh auf der Autobahn" und Übung zur Textbearbeitung, s. Anweisungen im Buch (Plenum, Einzelarbeit).

          2.   In A17b kann die Bedeutung der angegebenen Präpositionen und in Teil c können die Artikelendungen für den Genitiv wiederholt werden. (Die Präpositionen stellen in diesem Kapitel einen besonderen Schwerpunkt dar.) Variationen zur Textbearbeitung finden Sie auf S. 6.

Arbeitsblatt 5: Wo fehlt das *h*?

Wortschatz: Lesetext A16
Grammatik: kein besonderer Schwerpunkt
Aussprache: Wörter mit *h*, *ch* und *sch*

1. Mit diesem Arbeitsblatt können Aussprache und Rechtschreibung geübt werden. Es enthält den Text A16, aber die meisten *h*-Buchstaben fehlen.
2. KT ergänzen den Text in Einzelarbeit, danach vergleichen sie ihre Lösungen mit dem Nachbarn oder dem Text im Buch.
3. Anschließend werden die Regeln zur Aussprache von *h*, *ch* und *sch* wiederholt, s. auch *Begegnungen A1⁺*: S. 151, 177; *Begegnungen A2⁺*: S. 171.

A18   KT berichten im Plenum über einen Gegenstand, den sie (auf einer Reise oder sonst irgendwo) verloren haben.

A19   1.   Verkehrsdurchsagen, s. Anweisungen im Buch (Einzelarbeit). Eine ähnliche Aufgabe enthält auch das *Zertifikat B1, Modul Hören, Teil 1*, s. Anhang 1 des Kursbuchs.

       2.   Wenn KT es nützlich finden, dann können sie weitere Verkehrsdurchsagen schreiben.

A20   KT üben anhand der Vorgaben kleine Dialoge ein, die anschließend im Plenum präsentiert werden.

A21   1.   Diese Übung eignet sich zur Vorbereitung auf das *Zertifikat B1*.

       2.   KL oder ein KT erklärt die Aufgabe.

       3.   Die KT haben etwa 10 Minuten Zeit, sich Gedanken und Notizen zu den Folien zu machen.

       4.   Zwei KT halten jeweils eine Präsentation. Die anderen KT machen sich Notizen und stellen Fragen.

       5.   In der Auswertungsphase können die KT überlegen: Wurden alle Punkte ausreichend behandelt? Welche Wendungen kann man auch für andere Themen verwenden?

       6.   KT erstellen eine Redemitteliste für Präsentationen.

Arbeitsblatt 6: Wir planen eine Stadt

Wortschatz: Gebäude, Eigenschaften, Begründung
Grammatik: Richtungsangaben, *weil*-Sätze, Finalangaben

1. Vor dem Beginn der Aufgabe sollten die lokalen Präpositionen wiederholt werden (s. S. 180).
2. Danach teilt KT die Arbeitsblätter aus und erklärt die Aufgabe: *Wir planen eine Stadt, in der die Einwohner sich wohlfühlen sollen.* Die Fragen und nützlicher Wortschatz stehen auf dem Arbeitsblatt.
3. KT diskutieren in Kleingruppen und entwerfen ihre Pläne.
4. Die Pläne werden im Plenum vorgestellt und ggf. diskutiert.

A22   1.   Mit dieser Übung, die im Plenum gelöst werden sollte, werden die Richtungsangaben und temporale Präpositionen wiederholt.

       2.   Anschließend kann KL KT eine der folgenden Fragen stellen: *Und Sie? Wohin fahren Sie (am Wochenende/im Sommer/heute Abend) und womit?* KT beantworten der Reihe nach die Frage.

       Grammatikübersicht und Übungen zu Richtungsangaben und lokalen Adverbien: C11–16, C17

A23–24   1.   KT beantworten die Frage in A23 (*In welche Länder fahren Sie im Urlaub am liebsten?*) im Plenum und begründen kurz ihre Meinung. Die Gruppe stellt ggf. Fragen.

          2.   Über die positiven und negativen Aspekte eines Urlaubs (A24) diskutieren KT im Plenum oder in Kleingruppen. Dazu kann KL z. B. folgende Redemittel an die Tafel schreiben: *Ich finde es angenehm/schrecklich, wenn … Mich stört es (nicht), wenn … Mir ist sehr wichtig, dass …* usw.

          3.   Nach der Diskussion kann KL KT bitten, die wichtigsten Charakterzüge eines Urlaubs, der für die Mehrheit der Lerngruppe geeignet wäre, aufzuzählen und evtl. Vorschläge zu formulieren, wohin die Gruppe gemeinsam fahren könnte.

A25 KT können über ihren schrecklichsten Urlaub entweder schriftlich oder mündlich berichten. Wenn die Aufgabe schriftlich gemacht wird, kann in der nächsten Unterrichtsstunde folgende Übung (eine Variante der „Stillen Post") durchgeführt werden:
1. Jeder zweite KT erzählt seinem linken Nachbarn über seinen Urlaub. Der Nachbar gibt die gehörten Informationen seinem linken Nachbarn weiter.
2. Nach zwei oder drei Runden bittet KL KT, die zuletzt gehörte Geschichte nachzuerzählen. Derjenige, der die Geschichte geschrieben hat, korrigiert die inhaltlichen Fehler.
3. Danach werden die Rollen getauscht oder die restlichen Berichte werden vorgelesen.

A26 KT kreuzen in Einzelarbeit an, welche Beschreibungen positiv und negativ auf sie wirken, und vergleichen ihre Antworten mit dem Nachbarn.

A27–29 Lesetext und Aufgaben zum Thema „Idylle in ruhiger Lage", s. Anweisungen im Buch (Einzelarbeit, Plenum)

Arbeitsblatt 7: Idylle in ruhiger Lage

Wortschatz: Lesetext in A27
Grammatik: Präpositionen
1. Auf dem Arbeitsblatt steht Text A27 (CD 2.10) als Lückentext, in dem die Präpositionen fehlen.
2. KT ergänzen die Präpositionen in Einzelarbeit.
3. Die Lösungen werden im Plenum überprüft und die Regeln zum Gebrauch der Präpositionen werden wiederholt.

A30 Wörter in einem Beschwerdebrief ergänzen (Mehrfachwahlaufgabe, Einzelarbeit)

A31 Einen Beschwerdebrief schreiben, s. Anweisungen im Buch (Einzelarbeit)

Arbeitsblatt 8: Grammatik- und Wortschatztraining
Grammatik- und Wortschatzübung zu den Präpositionen (nach A22 jederzeit einsetzbar)

Arbeitsblatt 9: Wiederholungstest
Der Test gibt KT Gelegenheit, sich zu überprüfen und eventuelle Fragen zu klären.

Arbeitsblatt 10: Prüfungsvorbereitung
Zusammenfassende Übung und Vorbereitung auf das *Zertifikat B1, Modul Sprechen, Teil 1*, s. Übungssatz zur Prüfungsvorbereitung im Anhang des Kursbuchs

B *fakultativ:* s. Hinweise S. 6

D s. Hinweise S. 6

Kapitel 7

KL kann KT bitten, folgende Teile aus den früheren Bänden zu wiederholen: *Begegnungen A2⁺*, Kapitel 6: Personenbeschreibungen (S. 169, 171), Redemittel zu Ärger und Freude (S. 176)

Geeignete Texte aus den fakultativen Teilen früherer Bände: *Begegnungen A2⁺*, Kapitel 6: Der Einfluss der Farben (S. 206)

Vorkenntnisse aktivieren

1. Als Einleitung zum Thema „Gefühle, Glück, Stress" kann KL z. B. folgende Fragen stellen: *Was für einen Tag hatten Sie? Welche Gefühle haben verschiedene Momente des Tages in Ihnen geweckt? Versuchen Sie Ihre Gefühle möglichst genau zu beschreiben, z. B.: Was haben Sie beim Aufwachen, auf dem Weg zur Arbeit, an der Haltestelle usw. empfunden?*
2. KT denken kurz über ihren Tag nach und berichten darüber in Kleingruppen.
3. Jeder KT stellt einen Moment seines Tages im Plenum vor. (Er selbst oder seine Kleingruppe entscheidet, welcher Moment das sein soll.)
4. KL schreibt die erwähnten Gefühle an die Tafel. So entsteht ein Assoziogramm zum Thema, das nach dem Gespräch noch erweitert werden kann.

A1
1. Vor dem Beginn der Kleingruppendiskussionen sollte die Wortstellung nach dem Subjunktor *wenn* wiederholt werden.
2. KT diskutieren in Kleingruppen über die Gefühle, die die vorgegebenen Situationen in ihnen wecken. KL kann KT bitten, ihre Gefühle auch diesmal möglichst ausführlich zu beschreiben, z. B.: *Wenn ich im Urlaub bin und die Sonne scheint, dann bin ich glücklich. Ich fühle mich entspannt, aber ich habe auch ein bisschen Angst, dass das schöne Wetter bald vorbei ist.* o. ä.
3. Im Plenum werden nur Situationen besprochen, die bei KT ganz unterschiedliche Gefühle wecken.

A2
1. Vor dem Beginn der Kleingruppendiskussionen bittet KL KT, den Unterschied im Gebrauch von *wenn* und *als* zu formulieren.
2. KT bilden Zweiergruppen und wählen ein bis zwei Fragen aus, zu denen sie etwas zu erzählen haben.
3. Wenn KT ihre Geschichte erzählt haben, dann gehen sie zu einem anderen KT (oder zum KL, der beim Zuhören auch die Sprachfehler korrigieren kann) und erzählen die eigene und die vom Gesprächspartner gehörte Geschichte weiter. Danach hören sich die KT zwei Geschichten des Gesprächspartners an.
4. Nach zwei oder drei Runden wählt sich jeder KT eine Geschichte aus, die er interessant findet (das kann auch die eigene Geschichte sein) und erzählt diese im Plenum. Wenn mehrere Leute sich für dieselbe Geschichte entschieden haben, dann erzählen sie die Geschichte zusammen.

Variante:
1. KT beantworten eine Frage schriftlich, schicken ihre Texte per E-Mail an KL zur Korrektur, der sie an die ganze Gruppe weiterleitet.
2. KT reagieren auf die Geschichte(n), die sie interessant finden (privat, in einer Rundmail oder in der nächsten Unterrichtsstunde).

Arbeitsblatt 1: Was ist Glück?

Wortschatz: Alltag
Grammatik: Relativsätze, Konjunktionen

1. Auf dem Arbeitsblatt stehen die Satzanfänge zum Thema „Glück" aus A3 und einige weitere Satzanfänge.
2. KT arbeiten allein oder in Zweiergruppen und beenden die Sätze frei.
3. Wenn KT die Aufgabe in Einzelarbeit gelöst haben, dann vergleichen sie ihre Definitionen zuerst mit ihrem Nachbarn und danach im Plenum mit den anderen KT.
4. Zum Schluss werden die Definitionen mit den Sätzen in A3 verglichen.

A3   Wenn Arbeitsblatt 1 nicht benutzt worden ist:
1. KT lesen die Definitionen von *Glück* und nehmen dazu Stellung.
2. Anschließend schreiben sie ihre eigene Glücks-Definition.
3. KL kann evtl. noch folgende Frage stellen: *Ist Glücklichsein das Ziel Ihres Lebens oder gibt es Dinge, die Sie als wichtiger empfinden (z. B. Erfahrungen sammeln, ständiges Dazulernen, das Glück Ihrer Nächsten usw.)?*

Variante:
1. KL schreibt den Satzanfang *Glück ist, wenn …* an die Tafel und bittet KT, den Satz zu beenden.
2. Die Definitionen werden im Plenum vorgestellt und anschließend mit den Sätzen in A3 verglichen.

A4–7   1. Vor dem Lesen kann KL z. B. die folgenden Fragen stellen: *Gibt es einen (richtigen) Weg zum Glück? Kann z. B. Geld glücklich machen?* KT äußern sich zur Frage. KL sollte darauf bestehen, dass KT ihre Meinungen möglichst ausführlich begründen, sonst verfällt die Diskussion schnell in Klischees.
2. Der Text wird gelesen und diskutiert. Um das Gespräch zu steuern, kann KL die Frage stellen: *Hätten Sie auch Ihren Job gekündigt wie die Frau im Text? Warum (nicht)?* (Damit kann auch das Konjunktiv Perfekt wiederholt werden.)
3. A5 und A6 werden in Einzelarbeit gelöst.
4. A7 *(Ihre Wünsche)* eignet sich zu einem Partnergespräch, dessen Ergebnisse im Plenum vorgestellt werden.
5. Zum Schluss kann KL z. B. folgende Fragen stellen: *Glauben Sie, dass man die eigenen Wünsche wirklich kennt? Können Sie sich vorstellen, wunschlos glücklich zu sein? Sind Sie es vielleicht jetzt schon?* KT äußern sich im Plenum dazu.

Weitere Variationen zur Textbearbeitung finden Sie auf S. 6.

Grammatikübersicht und Übungen zu Adjektiven und Verben mit Präpositionen: C1–4

Arbeitsblatt 2: Wo ist der richtige Weg zum Glück?

Wortschatz: Lesetext in A4
Grammatik: kein besonderer Schwerpunkt
Aussprache: *g*- und *k*-Laute

1. KT ergänzen die fehlenden *g*- und *k*-Buchstaben im Text A4 (CD 2.11) mit oder ohne CD.
2. Die Lösungen werden im Plenum überprüft. KL schreibt die Wörter nach Gruppen geordnet an die Tafel (Wörter mit *-ng*, mit *g* am Wortanfang/im Auslaut, Wörter mit *k* und *ck*).
3. Alle ergänzten Wörter werden im Plenum ausgesprochen und die Regeln zur Aussprache werden formuliert, s. auch *Begegnungen A2⁺*: S. 75, 199.
4. Zum Schluss wird der Text noch einmal gehört.

A8   1. Anhand der Beispiele aus dem Text erläutert KL den Gebrauch von *zufolge* und *laut*: Sie geben eine Informationsquelle an.
2. Anschließend wird die Aufgabe A8 gelöst.

Grammatikübersicht und Übungen zu Präpositionen mit Genitiv, Präpositionen im Allgemeinen: C11–13

A9   1. KT formulieren ihre Tipps zum Glücklichsein in Kleingruppen.
2. Die Tipps werden im Plenum vorgestellt und ausgewertet.

Mögliche weiterführende Übung:
1. Als Einleitung kann KL z. B. Folgendes sagen: *Sie dürfen nicht nur einige Tipps zum Glücklichsein erarbeiten, sondern die ganze Ausgabe der Zeitschrift zum Thema „Glück" gestalten.*
2. KT arbeiten in Kleingruppen und entwerfen die Ausgabe. Um die Arbeit zu steuern, kann KL Zeitschriften wie *Brigitte* oder *Psychologie heute* o. ä. in den Unterricht mitbringen und/oder folgende Fragen stellen: *Mit wem machen Sie Interviews? Was für Fotos gibt es in der Zeitschrift? Welche Themen werden behandelt? Erwarten Sie Leserbriefe zum Thema? Welche Frage sollen Ihre Leser beantworten?* usw.
3. Die Zeitschriften werden im Plenum vorgestellt. Wenn KT auch Themen für Leserbriefe vorgeben, dann können KT sich eines der Themen aussuchen und sich dazu mündlich oder schriftlich äußern.

A10   1. KT lesen die Definitionen der Glückssymbole und ordnen ihnen die Zeichnungen zu.
2. Die Lösungen werden im Plenum überprüft, anschließend berichten KT über ein Glückssymbol aus ihrem Heimatland oder über ihren persönlichen Glücksbringer.

A11   Wenn die in A2 angegebene Variante nicht durchgeführt worden ist, dann kann diese hier eingesetzt werden (s. Hinweise in A2).

A12   1. Vor dem Hören des Gesprächs kann KL KT bitten, den Unterschied zwischen Glück und Zufriedenheit zu formulieren.
2. KT hören das Gespräch zweimal und kreuzen die richtigen Antworten an. Eine ähnliche Aufgabe enthält auch das *Zertifikat B1, Modul Hören, Teil 3*, s. Anhang 1 des Kursbuchs.
3. Die Wortschatzübung in Teil b wird in Einzelarbeit gelöst.

Arbeitsblatt 3: Glück und Zufriedenheit

Wortschatz: Hörtext A12
Grammatik: Präpositionen, Verben mit Rektion

1. Auf dem Arbeitsblatt sind die wichtigsten Aussagen der Psychologin aus dem Hörtext zu A12 (CD 2.12) zu lesen.
2. KT ergänzen die fehlenden Präpositionen in den Sätzen.
3. Die Lösungen werden im Plenum überprüft.
4. KT ordnen die im Interview genannten Faktoren nach ihrer Wichtigkeit und vergleichen ihre Liste mit den anderen KT (in Kleingruppen oder im Plenum).
5. Zum Schluss kann KL KT bitten, die Aussagen der Psychologin aus dem Hörtext und die Meinungen einiger Mitschüler mithilfe der Präpositionen *laut* und *zufolge* wiederzugeben.

A13   1. Zur Einleitung kann KL z. B. folgende Frage stellen: *Was meinen Sie: In welchen Ländern leben die glücklichsten Menschen? Woran liegt das?* KT äußern ihre Meinungen kurz im Plenum.
2. KT vergleichen ihre Vermutungen mit der Grafik. Dabei können z. B. folgende Redemittel benutzt werden: *Das hätte ich nicht gedacht/erwartet. Das finde ich sehr überraschend.* usw.
3. KT äußern ihre Vermutungen über die möglichen Ursachen, warum Menschen in einem Land besonders glücklich oder unglücklich sind (im Plenum oder in Kleingruppen).
4. Zum Schluss kann KL z. B. folgende Fragen stellen: *Glauben Sie, dass es in der Definition des Glücks kulturelle Unterschiede gibt? Kennen Sie Länder, in denen die Menschen häufiger zufrieden sind als in anderen oder deren Einwohner sehr häufig klagen? Kennen Sie Länder mit ähnlichen Lebensstandards? Glauben Sie, die Menschen sind dort alle gleich glücklich/unglücklich? Kennen Sie Kulturkreise, in denen man oft/nie über Glück spricht oder in denen Glück eine sehr große/gar keine Bedeutung hat?*
Grammatikübersicht und Übung zu Vermutungen: C5

A14   KT äußern ihre Meinung über Horoskope im Plenum.

Arbeitsblatt 4: Horoskope

Wortschatz: Lesetexte in A15, Eigenschaften
Grammatik: kein besonderer Schwerpunkt

1. KL bereitet mehrere Kartensätze vor, KT bilden Kleingruppen, jede Kleingruppe bekommt einen Kartensatz. KL schreibt die Namen für die Sternzeichen an die Tafel.
2. Auf den Karten stehen die gekürzten Beschreibungen der Sternzeichen aus A15. KT lesen alle Beschreibungen und wählen eine Karte aus, die ihren Charakter am genauesten beschreibt.
3. Anschließend nennen alle KT ihre Sternzeichen und überprüfen mit den Texten in A15, ob sie die richtige Beschreibung gewählt haben.

Variante (für lernstarke Gruppen geeignet):
1. Vor dem Beginn der Aufgabe schreibt KL die Namen für die Sternzeichen an die Tafel.
2. KT ziehen eine Karte und lesen die darauf stehende Definition für ein Sternzeichen vor.

---

3. KT, die denken, dass die Beschreibung auf sie zutrifft, heben die Hand.
4. Das Spiel geht so lange, bis alle Definitionen vorgelesen wurden oder jeder die auf ihn zutreffende Beschreibung gefunden hat.
5. Anschließend nennen alle KT ihre Sternzeichen und überprüfen mit den Texten in A15, ob sie die richtige Beschreibung gewählt haben.

A15–17
1. KT lesen die Texte in A15. Die unbekannten Wörter werden im Plenum geklärt.
2. Aufgabe 16a stellt den wichtigsten Wortschatz (Eigenschaften) systematisch vor.
3. Die Diskussion zu 16b kann entweder in Kleingruppen oder im Plenum durchgeführt werden. (Die Diskussion ist interessanter, wenn KT mit demselben oder aufeinanderfolgenden Sternzeichen eine Kleingruppe bilden.)
4. In Teil c werden im Plenum die zu den Adjektiven gehörenden Nomen ergänzt. Anschließend kann KL KT bitten, einige Regeln zur Bildung dieser Nomen zu formulieren (z. B.: *Nomen aus Fremdwörtern werden oft mit dem Suffix -tät gebildet, Adjektive auf -lich bekommen die Endung -keit, viele Adjektive aus -ig verlieren diese Endung* usw.)
5. Bevor KT ein Horoskop für den Nachbarn schreiben (A17), sollten sie sich kurz über die Pläne des Partners für die nächste Woche informieren und das Horoskop entsprechend der Beschreibung des Sternzeichens in A15 erstellen.
6. Als optionale Hausaufgabe können KT ihr aktuelles Horoskop in einer deutschen Zeitschrift oder im Internet lesen und evtl. in der nächsten Unterrichtsstunde darüber berichten.

Mögliche weiterführende Übung:
1. Vor dem Beginn der Aufgabe kann KL die Zeichnung aus *Begegnungen A2+*, Kapitel 6 (S. 170) zur Wiederholung der Verwandtschaftsverhältnisse einsetzen.
2. Danach stellt er einen Stuhl in die Mitte des Raums und sagt: *Das ist der Stuhl des Herrn Goldherz, der heute seinen 100. Geburtstag feiert. Er kommt gleich. Sie sind seine Familienmitglieder, die sich ihre Erfahrungen mit Herrn Goldherz erzählen.*
3. Zwei KT übernehmen die Rollen seines Sohnes und seiner Tochter. Die anderen KT sind Verwandte, alte Nachbarn, ehemalige Mitschüler usw., die Herrn Goldherz nicht so gut kennen wie seine Kinder. (Bei hoher Teilnehmerzahl sollte Herr Goldherz drei oder vier Kinder haben.)
4. KT wählen eine Rolle für sich und stellen dem Sohn und der Tochter im Namen dieser Person Fragen über Herrn Goldherz bzw. erzählen ihre eigenen Erinnerungen. Auf diese Weise zeichnet sich das lebendige Porträt eines fiktiven Menschen ab und viele Wörter aus A15 und A16 können auf eine interessante Weise geübt werden.
(Idee aus: *Humanising Language Teaching, http://www.hltmag.co.uk/*)

Arbeitsblatt 5: Onkel Franz

Wortschatz: Eigenschaften
Grammatik: *weil*-Sätze
1. Mit dieser Übung können die Adjektive aus A15 und 16 in einem anderen Kontext vertieft werden. Auf dem Arbeitsblatt stehen Adjektive und zwei Situationen: *Onkel Franz lacht, Onkel Franz weint.*
2. KT bilden Zweiergruppen und beschreiben die Verwandten von Onkel Franz, die ihm Freude bzw. Kummer bereiten (s. auch Anweisungen und Dialogmodelle auf dem Arbeitsblatt).
3. Die Lösungen werden im Plenum vorgestellt.
(Die Autorinnen danken Sylvain Lelarge für die Idee zu diesem Arbeitsblatt.)

A18
1. KL erläutert die Funktion der aufgelisteten Doppelkonjunktoren oder bittet KT, es zu tun.
2. Anschließend wird die Aufgabe A18 gelöst.

Grammatikübersicht und Übungen zu Doppelkonjunktoren: C6–7

A19
1. KT bewegen sich frei im Raum, bilden spontan Kleingruppen und äußern sich zu den Fragen in A19. Dabei suchen sie nach Gemeinsamkeiten.
2. Nach einigen Minuten werden neue Kleingruppen gebildet.
3. Nach zwei oder drei Runden stellen KT die Gemeinsamkeiten im Plenum vor.
4. KL kann zusätzlich noch folgende Fragen stellen: *Was für einen Eindruck möchten Sie jemandem (nicht) geben, der Sie noch nicht kennt? Welche Eigenschaften möchten Sie ablegen/nie verlieren?*

5. Als schriftliche Hausaufgabe können KT über eines der folgenden Themen berichten: *Beschreiben Sie eine Persönlichkeit aus Ihrem Heimatland/Ihr (ehemaliges) Vorbild/eine Person, die Ihnen besonders viel gegeben hat.*

A20
1. Zur Überleitung vom Thema „Glück" auf das Thema „Stress" kann KL z. B. folgende Fragen stellen: *Kann man glücklich sein, wenn man viel Stress hat? Kennen Sie Menschen, die oft gestresst sind? Was löst bei diesen Menschen (unnötig) Stress aus?* KT beantworten Fragen in Kleingruppen oder im Plenum.
2. Danach werden die Kurzinterviews zweimal gehört und den Befragten die Aussagen zugeordnet.
3. KT berichten ggf. über ähnliche Situationen wie in den Interviews.

A21
1. KT tauschen sich in Kleingruppen über ihre Erfahrungen mit stressigen Situationen aus und erstellen eine Liste der Gemeinsamkeiten und Unterschiede.
2. Die Listen werden im Plenum vorgestellt.

A22–24 Wortschatzübungen und kurze Texte zum Thema „Stress", s. Anweisungen im Buch (Einzelarbeit, Plenum, Kleingruppendiskussion)

Arbeitsblatt 6: Stress-Test

Wortschatz: Stress, Alltagstätigkeiten
Grammatik: Konjugation

1. Auf dem Arbeitsblatt steht ein Psychotest, mit dem KT erfahren können, ob sie den Stress bewältigen können.
2. KT ergänzen die fehlenden Verben, die Lösungen werden im Plenum überprüft.
3. Danach beantworten KT die Fragen auf dem Arbeitsblatt und lesen die Auswertung.
(Einige Fragen aus: *http://www.palverlag.de/*)

A25
1. A25a (Ratschläge zur Stressbewältigung) wird im Plenum gelöst.
2. Zur Durchführung von Aufgabe A25b bilden KT Zweier- oder Dreiergruppen. Die Gruppen können z. B. aus Menschen mit ähnlichen Problemen bestehen (s. Fragen im Stress-Test).
3. KT diskutieren über ihre Probleme bzw. über Stressbewältigung im Allgemeinen und machen sich gegenseitig Lösungsvorschläge.
4. Die Probleme und Lösungen werden im Plenum vorgestellt.
5. Zum positiven Abschluss der Diskussion kann KL z. B. folgende Fragen stellen: *Kennen Sie Menschen, die (fast) immer entspannt sind? Was ist ihr Geheimnis?*

A26–27
1. KT diskutieren in Zweiergruppen und sagen, wie sie in den vorgegebenen Situationen reagieren würden.
2. Die interessanten Informationen (z. B. Unterschiede in den Reaktionen) werden im Plenum vorgestellt.
3. KT üben mithilfe der Redemittel in A27 einen Dialog zu einer Situation aus A26 ein.
4. Die Dialoge werden im Plenum vorgestellt und, wenn nötig, korrigiert.

A28
1. Diese Übung eignet sich als Hausaufgabe: KT berichten schriftlich über die möglichen positiven Auswirkungen von Stress.
2. Einige Geschichten werden in der nächsten Stunde vorgelesen oder nacherzählt.

Arbeitsblatt 7: Kurzinterviews

Wortschatz: Wortschatz des Kapitels
Grammatik: kein besonderer Schwerpunkt

1. KT bekommen die Arbeitsblätter und bilden Kleingruppen. Jede Kleingruppe wählt sich drei oder vier Fragen aus, die sie den anderen KT stellen möchte.
2. KT bewegen sich frei im Raum und stellen sich die ausgewählten Fragen. Das Ziel ist, innerhalb der vorgegebenen Zeit möglichst viele KT zu befragen.
3. KT setzen sich wieder zu ihrer Kleingruppe und versuchen im Plenum, die gehörten Antworten wiederzugeben (ohne Vorbereitungszeit). KT, der die Antwort gegeben hat, korrigiert, wenn nötig.

A29
1. Die Vorgaben werden im Plenum gelesen, danach ordnen KT in Einzelarbeit die Begriffe den entsprechenden Kategorien zu.
2. Das Buch wird mit dem Nachbarn ausgetauscht. KT lesen die Kategorisierung des Nachbarn und stellen sich Fragen, wenn sie auf überraschende Informationen stoßen.
3. Die interessanten Informationen werden im Plenum vorgestellt.

A30
1. KL erläutert den Gebrauch der Konjunktionen und Konjunktionaladverbien, die Gründe und Folgen einleiten, und führt die Präposition *wegen* ein. (Die meisten Konjunktionen sind aus *Begegnungen A2⁺* schon bekannt.)
2. Anschließend wird die Aufgabe A30 im Plenum oder in Einzelarbeit gelöst.

Grammatikübersicht und Übungen zu Gründen und Folgen: C8–9
Grammatikübersicht und Übungen zu Präpositionen mit Genitiv, Präpositionen im Allgemeinen: C10–13

Arbeitsblatt 8: Grammatik- und Wortschatztraining
Grammatik- und Wortschatzübung zu den Adjektiven und einigen Verben mit präpositionalem Kasus (nach A2 jederzeit einsetzbar)

1. KT 1 bekommt Fragen A, KT 2 Fragen B. In jedem Teil stehen dieselben Adjektive und Verben mit präpositionalem Kasus, aber es fehlen unterschiedliche Präpositionen.
2. KT 2 liest den ersten Ausdruck *(interessiert sein)* und ergänzt die Präposition.
3. KT 1 korrigiert, wenn nötig, danach werden die Rollen getauscht.

Arbeitsblatt 9: Wiederholungstest
Der Test gibt KT Gelegenheit, sich zu überprüfen und eventuelle Fragen zu klären.

Arbeitsblatt 10: Prüfungsvorbereitung
Zusammenfassende Übung und Vorbereitung auf das *Zertifikat B1, Modul Sprechen, Teil 2*, s. Übungssatz zur Prüfungsvorbereitung im Anhang des Kursbuchs

---

B
fakultativ: s. Hinweise S. 6

D
s. Hinweise S. 6

Kapitel 8

KL kann KT bitten, folgende Teile aus den früheren Bänden zu wiederholen:
Begegnungen A1⁺, Kapitel 4: Essen und Trinken (S. 86–97), Restaurantbesuch (S. 106)
Begegnungen A2⁺, Kapitel 7: Ernährung, Restaurantbesuch (S. 200–203)

Geeignete Texte aus den fakultativen Teilen früherer Bände:
Begegnungen A1⁺, Kapitel 5: Die Kartoffel (S. 99)

Vorkenntnisse aktivieren
1. KL bittet KT, sich zu überlegen, welche Gerichte/Nahrungsmittel und Getränke ihnen das Gefühl von Heimat vermitteln und/oder bei Kummer tröstend auf sie wirken.
2. Zuerst berichtet KL im Plenum über zwei solche Gerichte/Nahrungsmittel und gibt auch die Gründe an, warum diese eine besondere Bedeutung für ihn haben.
3. Zwei oder drei KT tun das Gleiche (auch im Plenum).
4. Anschließend erstellen KT ihre eigenen Listen und unterstreichen die Gerichte/Nahrungsmittel und Getränke, die ihre Landsleute auch als typisch und/oder tröstend bezeichnen würden.
5. KT (aus verschiedenen Kulturkreisen, wenn möglich) bilden Kleingruppen, zeigen sich ihre Listen und erzählen einander von den genannten Gerichten.
6. Die interessanten Informationen werden im Plenum vorgestellt.
(Idee aus: *Humanising Language Teaching, http://hltmag.co.uk*)

A1   1. KT diskutieren in Kleingruppen über die Essgewohnheiten im Heimatland.
2. Die Bedeutung des Frühstücks in verschiedenen Kulturkreisen wird im Plenum besprochen.
3. KL kann zur weiterführenden Diskussion z. B. folgende Fragen stellen: *Kennen Sie Länder mit ganz anderen Essgewohnheiten als Ihr Heimatland? Wenn Sie persönliche Erfahrungen haben: Wie haben Sie diesen kulturellen Unterschied erlebt? Haben Sie sich im Land trotzdem (oder genau deswegen) wohlgefühlt?*

A2   1. KT, die schon in einem deutschsprachigen Land waren, berichten darüber, was sie dort zum Frühstück gegessen haben.
2. Anschließend werden die Kurztexte in A2 gelesen und mit den Informationen über das Heimatland ergänzt.

A3   1. Diese Übung dient zur Vorbereitung auf die Prüfung *Zertifikat B1*.
2. KT folgen den Anweisungen und überprüfen anschließend ihre Antworten.
3. Zur Festigung des Wortschatzes kann der KL die KT bitten, den Inhalt des Hörtextes in fünf Sätzen wiederzugeben. Das erfolgt in Gruppenarbeit.
4. Die Gruppen präsentieren ihr Ergebnis im Plenum.

Arbeitsblatt 1: Gesundes Frühstück

> **Wortschatz: Hörtext A3a**
> **Grammatik: Attribute und Adverbien, Adjektivdeklination**
>
> 1. Auf dem Arbeitsblatt steht die Transkription des Gesprächs aus A3 (CD 2.15) ohne verschiedene Adjektive/Adverbien. KT ergänzen die jeweils richtigen Formen und überprüfen sich mit der CD.
> 2. Anschließend kann KL KT bitten, die Gegenteile zu nennen.

A4–5   1. Als Überleitung kann KL z. B. folgende Fragen stellen: *Was haben Ihre Großeltern gegessen? Wissen Sie, was Menschen in früheren Zeiten in Ihrem Heimatland gegessen haben?* KT beantworten die Fragen im Plenum.
2. Die fehlenden Wörter im Lesetext „Essen im Mittelalter" werden in Einzelarbeit oder in Kleingruppen ergänzt, die Lösungen werden im Plenum überprüft.
3. Anschließend diskutieren KT kurz über die Benutzung der angegebenen Gewürze in ihrer Heimat.

A6   Diskussion über Nahrungsmittel, die früher als Zahlungsmittel galten, s. Anweisungen im Buch (Kleingruppenarbeit). KL sollte deutlich machen, dass es hier nicht um das Testen der Allgemeinbildung, sondern um das Üben von Redemitteln zum Ausdrücken von Vermutungen geht.

A7   1. Die Wortschatzübung wird in Einzelarbeit gelöst und im Plenum überprüft.
2. KL kann KT bitten, für jede Kategorie weitere Nomen zu sammeln.

A8–9   Über Essen sprechen und ein Kochrezept lesen, s. Anweisungen im Buch (Kleingruppen- und Einzelarbeit). KL kann anschließend z. B. folgende Fragen stellen: *Wo haben Sie kochen gelernt? Erinnern Sie sich noch an das erste Gericht, das Sie zubereitet haben?*

Mögliche weiterführende Übung:
1. KL bittet KT, drei unvergessliche Mahlzeiten in Erinnerung zu rufen, an denen sie einmal als Gast, Gastgeber, Koch usw. teilgenommen haben.
2. KT machen sich Notizen (entweder schon als Hausaufgabe oder im Kurs).
3. Zuerst berichtet KL selbst über zwei Mahlzeiten (daraus können KT einige themenbezogene Wörter lernen), dann bilden KT Zweiergruppen.
4. KT tauschen sich über zwei besondere Mahlzeiten aus, zu denen sie sich Notizen gemacht haben.
5. Danach werden neue Zweiergruppen gebildet: Beide KT erzählen sich zwei Geschichten aus der ersten Gesprächsrunde – das können die eigenen oder die vom Partner gehörten Geschichten sein.
6. KT berichten mündlich (im Plenum) oder schriftlich (als Hausaufgabe) über eine Mahlzeit, deren Geschichte sie besonders interessant finden.
7. Die fehlenden Verben in A9 werden im Plenum oder in Einzelarbeit ergänzt.

(Idee aus: *Humanising Language Teaching*, http://hltmag.co.uk)

Begegnungen B1⁺

A10
1. KT planen in Zweiergruppen ein gemeinsames Abendessen.
2. Ein oder zwei Dialoge werden im Plenum vorgestellt. Eine ähnliche Aufgabe enthält auch das *Zertifikat B1, Modul Sprechen, Teil 1*, s. Anhang 1 des Kursbuchs.
3. KT schreiben die Einladungskarte wieder in Zweiergruppen oder einzeln (evtl. als Hausaufgabe).
4. Jede Person/Kleingruppe bekommt eine Einladungskarte, auf die sie eine Antwort schreibt.

Variante:
1. Da der Kurs bald zu Ende ist, können KT statt eines fiktiven Restaurantbesuchs einen echten planen.
2. Anschließend schreibt ein KT Einladungskarten an die Lerngruppe, die die anderen per E-Mail beantworten.

A11 Anzeigen zum Thema „Essen im Restaurant", s. Anweisungen im Buch (Einzelarbeit). Eine ähnliche Aufgabe enthält auch das *Zertifikat B1, Modul Hören, Teil 3*, s. Anhang 1 des Kursbuchs.

A12
1. Restaurantkritiken verstehen und wiedergeben, über einen Restaurantbesuch berichten, s. Anweisungen im Buch (Einzelarbeit). Beim Lesen der Texte kann KL den Akzent auf die Aussprache von *e, ei, eu* und *ä* legen, s. auch *Begegnungen A1⁺*: S. 14, 63, 88; *Begegnungen A2⁺*: S. 45.
2. KL kann KT bitten, ein (fiktives oder echtes) Restaurant zu beschreiben, das sie gerne besitzen würden.

Mögliche weiterführende Übung:
Um Dialoge im Restaurant zu spielen, können folgende Unterlagen aus den früheren Bänden eingesetzt werden: *Begegnungen A1⁺*, Kursbuch: S. 95, 97; *Begegnungen A1⁺*, Lehrerhandbuch: S. 100; *Begegnungen A2⁺*; Kursbuch: S. 203.

Arbeitsblatt 2: Restaurantkritiken

Wortschatz: A12
Grammatik: kein besonderer Schwerpunkt

1. KT arbeiten in Zweiergruppen: KT 1 hat Arbeitsblatt A, KT 2 Arbeitsblatt B. Auf beiden Arbeitsblättern stehen die Texte aus A12, aus denen verschiedene Wörter fehlen. Diese Wörter stehen auch auf dem Arbeitsblatt, aber sie müssen zuerst rekonstruiert werden.
2. KT rekonstruieren in Einzelarbeit die fehlenden Wörter und ergänzen dann den Text.
3. KT 1 und KT 2 vergleichen ihre Lösungen und korrigieren sie, wenn nötig.

A13
1. Über ein berühmtes Restaurant lesen, s. Anweisungen im Buch (Einzelarbeit). KL kann weitere Fotos vom Auerbachs Keller mitbringen oder KT darum bitten, Fotos von anderen Restaurants mitzubringen.
2. KL kann KT bitten, über ein historisch interessantes Restaurant oder Café zu berichten.

A14 Auf eine Einladung schriftlich reagieren, s. Anweisungen im Buch (Einzelarbeit). Eine ähnliche Aufgabe enthält auch das *Zertifikat B1, Modul Schreiben*, s. Anhang 1 des Kursbuchs.

A15 In A15 befinden sich die wichtigsten Redemittel für formelle und informelle Briefe. Diese helfen KT, sich auf das *Modul Schreiben* des *Zertifikats B1* vorzubereiten.

A16
1. Die guten Wünsche werden im Plenum gelesen und den Situationen zugeordnet.
2. Anschließend können KT weitere Situationen erfinden, zu denen einer der angegebenen guten Wünsche passt (z. B.: *Wir haben ein Haus gekauft. Ich bin ein bisschen erkältet.* usw.).

Wiederholungsübungen in Teil C
1. Teil C zu diesem Kapitel enthält Wiederholungsübungen zu der in *Begegnungen B1⁺* behandelten Grammatik. KT können sich die Themen auswählen, die sie wiederholen möchten.
2. Die weiteren Arbeitsblätter enthalten Wiederholungsübungen zu Wortschatz und Grammatik.

Arbeitsblatt 3: Was bedeutet dieses Verb?

Wortschatz und Grammatik: Nomen-Verb-Verbindungen

1. KT bilden Kleingruppen und ziehen zwei bis drei Karten pro Gruppe. Auf jeder Karte steht ein häufig benutztes Verb, das in verschiedenen Kontexten etwas anderes bedeuten kann.
2. KT suchen in *Begegnungen B1⁺* (und evtl. in den früheren Bänden) nach Ausdrücken mit dem Verb auf der Karte und nach Präfixen, die mit dem Verb verwendet werden können. Die Nomen und die Präfixe werden notiert (acht bis zehn Nomen und Präfixe reichen).
3. Nachdem jede Gruppe möglichst viele Nomen und Präfixe gesammelt hat, werden die Notizen an die Nachbargruppe weitergegeben, die versucht, das dazugehörende Verb zu finden.
4. Zum Schluss werden alle Ausdrücke im Plenum vorgelesen.
5. Mit einem Wörterbuch können KT weitere nützliche Ausdrücke zu den Verben sammeln.

Variante für einsprachige Gruppen:
Die Kleingruppen schreiben nicht die Nomen, die sie in den Kursbüchern gefunden haben, sondern die muttersprachliche Übersetzung der Ausdrücke. Dies kann helfen, gewisse Unterschiede zwischen der Muttersprache und dem Deutschen zu erkennen und sich häufig benutzte Ausdrücke mit ihrer genauen Übersetzung einzuprägen.

Arbeitsblatt 4: Trivial Pursuit

Wortschatz: Tätigkeiten, Vorschläge formulieren, Adjektive
Grammatik: Konjunktiv II, Vergangenheitsformen, Konjugation

1. Das Spiel ist eine Variation des klassischen Trivial Pursuit. KL legt das Spielbrett auf einen freistehenden Tisch und ordnet die Karten in sechs Pakete nach Fragentypen.
2. KT bilden Kleingruppen und legen eine Münze o. ä. auf das Spielbrett.
3. Kleingruppe 1 würfelt und schiebt ihre Münze auf das entsprechende Kästchen. Jedes Kästchen enthält ein Symbol, das auf den Fragentyp hinweist. Die Kleingruppe zieht eine Karte aus dem entsprechenden Paket und beantwortet die darauf stehende(n) Frage(n). Wenn sie es nicht kann, dann muss sie dahin zurückgehen, wo sie war.
4. Das Spiel geht so lange, bis eine Kleingruppe Kästchen 24 erreicht hat oder bis alle Aufgaben erfüllt sind. (Nachdem Kästchen 24 erreicht wurde, kann man das Spiel auf Kästchen 1 fortsetzen.)

Arbeitsblatt 5: Haben Sie ein gutes Gedächtnis?

Wortschatz: Wortschatz einiger Lesetexte
Grammatik: kein besonderer Schwerpunkt

1. KL teilt die Arbeitsblätter aus, auf denen 18 Fragen zu den Lesetexten (in den Teilen A) stehen.
2. KT bilden Kleingruppen und versuchen innerhalb einer vorgegebenen Zeit (30 bis 35 Minuten), die Antworten auf diese Fragen zu finden.
3. Die Lösungen werden im Plenum überprüft. Auf diese Weise können KT die im Buch behandelten Themen noch einmal in Erinnerung rufen.
4. Zum Schluss kann KL KT bitten, ein oder zwei Texte aus Kapitel 1 oder 2 nochmals zu lesen. KT sagen, ob sie den Text jetzt besser verstehen als damals.

Arbeitsblatt 6: Eine Meinung äußern

Wortschatz: Redemittel zur Meinungsäußerung
Grammatik: Konjugation

1. Auf dem Arbeitsblatt stehen Redemittel zur Meinungsäußerung. Diese Redemittel können sowohl in Alltagsgesprächen als auch bei der Vorbereitung auf das *Zertifikat B1* sehr nützlich sein.
2. KT ergänzen die fehlenden Silben der Redemittel in Einzelarbeit oder in Kleingruppen.

3. Die Lösungen werden im Plenum überprüft. Alle Sätze werden zusammen ausgesprochen und ggf. werden einige Regeln der deutschen Aussprache wiederholt.
4. KL kann ein Thema zur Debatte stellen (z. B. eines, das die Lerngruppe wiederholen möchte) und KT bitten, im Gespräch möglichst viele Redemittel zu benutzen. (KL kann an der Tafel notieren, wer wie viele Redemittel benutzt hat.)

Arbeitsblatt 7: Wortschatzwiederholung zu Prüfungsthemen

1. Mit diesem Arbeitsblatt kann wichtiger Wortschatz zu den meisten Themen des *Zertifikats B1* wiederholt werden. KT können die Ausdrücke zu Hause oder im Unterricht ergänzen.
2. Anschließend kann KL KT bitten, mit den Ausdrücken Sätze zu bilden oder einen zusammenhängenden Text zu schreiben.

Arbeitsblatt 8: Prüfungsvorbereitung

Zusammenfassende Übung und Vorbereitung auf das *Zertifikat B1, Modul Schreiben, Teil 1*, s. Übungssatz zur Prüfungsvorbereitung im Anhang des Kursbuchs

B   *fakultativ:* s. Hinweise S. 6

D   s. Hinweise S. 6

Was für ein Mensch sind Sie?

Fragen A

Was für ein Mensch sind Sie?
Beantworten Sie die Fragen für sich und stellen Sie sie dann Ihrer Gesprächspartnerin/Ihrem Gesprächspartner.

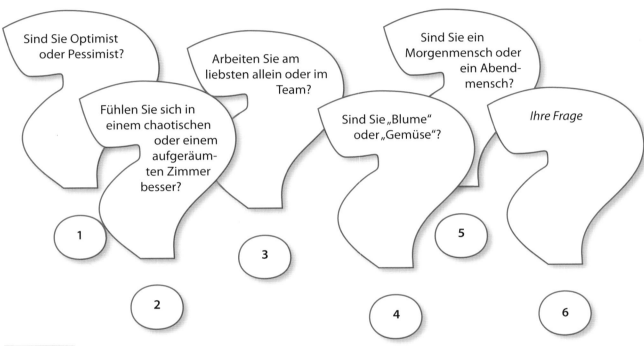

Fragen B

Was für ein Mensch sind Sie?
Beantworten Sie die Fragen für sich und stellen Sie sie dann Ihrer Gesprächspartnerin/Ihrem Gesprächspartner.

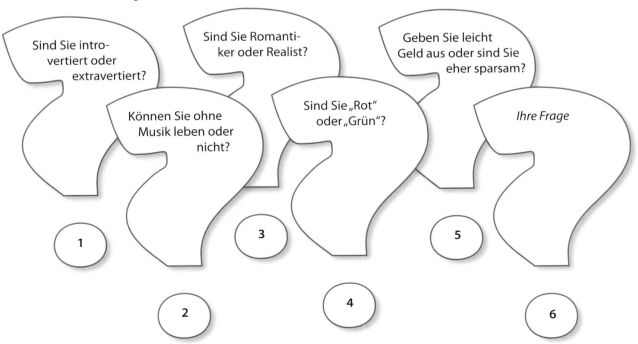

Nennen Sie …

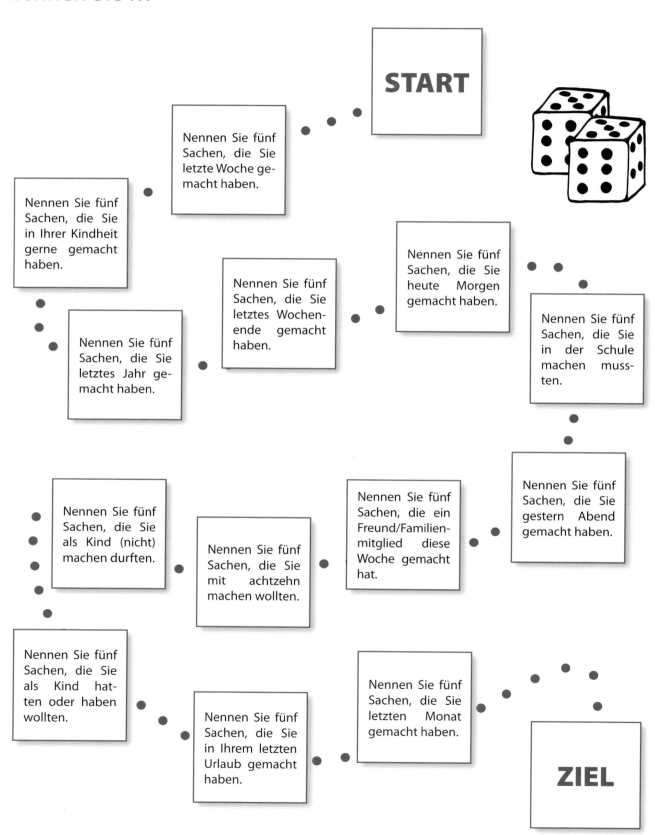

START

Nennen Sie fünf Sachen, die Sie letzte Woche gemacht haben.

Nennen Sie fünf Sachen, die Sie in Ihrer Kindheit gerne gemacht haben.

Nennen Sie fünf Sachen, die Sie letztes Wochenende gemacht haben.

Nennen Sie fünf Sachen, die Sie heute Morgen gemacht haben.

Nennen Sie fünf Sachen, die Sie in der Schule machen mussten.

Nennen Sie fünf Sachen, die Sie letztes Jahr gemacht haben.

Nennen Sie fünf Sachen, die Sie als Kind (nicht) machen durften.

Nennen Sie fünf Sachen, die Sie mit achtzehn machen wollten.

Nennen Sie fünf Sachen, die ein Freund/Familienmitglied diese Woche gemacht hat.

Nennen Sie fünf Sachen, die Sie gestern Abend gemacht haben.

Nennen Sie fünf Sachen, die Sie als Kind hatten oder haben wollten.

Nennen Sie fünf Sachen, die Sie in Ihrem letzten Urlaub gemacht haben.

Nennen Sie fünf Sachen, die Sie letzten Monat gemacht haben.

ZIEL

Haben Sie noch Zeit?

Ergänzen Sie die fehlenden Verben. Achten Sie auf die Konjugation.

„Ich h............. überhaupt keine Zeit!" oder „Ich b............. total im Stress!", das sind Sätze, die wir jede Woche hören oder sagen. Doch warum? Was m............. wir mit unserer Zeit? T............. wir nicht manchmal Dinge, die absolut nicht notwendig sind? D............. Sie zum Beispiel an einen Fahrstuhl. Wie oft haben Sie schon auf den Fahrstuhl gew............. und während des Wartens ungefähr siebenmal auf den Fahrstuhlknopf ged.............? Warum haben Sie nicht einfach die Treppe gen............. und sind in den zweiten Stock gel.............? Das ist mit Sicherheit die schnellere Variante, denn nicht nur das Warten auf den Fahrstuhl k............. Zeit. Wenn der Fahrstuhl endlich angekommen ist, öffnet sich die Tür, acht Menschen v............. den Fahrstuhl, acht andere Menschen b............. den Fahrstuhl, jeder drückt eine andere Etage und kurz bevor der Fahrstuhl losfährt, öffnet sich die Tür noch einmal. Nummer neun möchte auch noch mitfahren.

Oder d............. Sie an die Gespräche, die Sie jeden Tag mit Kollegen oder Freunden f............. Psychologen m............., dass 60 Prozent aller Gespräche von Menschen handeln, die nicht anwesend sind. Das nennt man Klatsch und Tratsch. Nun ist es nicht sinnvoll, auf den Klatsch zu v............., denn aus den Fehlern der anderen können wir ja selbst etwas l............. Wenn man aber die Gespräche um 50 Prozent verkürzt, s............. man eine Menge Zeit.

Auch mit den neuen Medien kann man sehr viel Zeit v............. Es gibt Leute, die bei *eBay* einen Koffer für den Urlaub kaufen wollen und nach vier Stunden im Internet Besitzer eines Autos sind, obwohl sie gar keinen Führerschein haben. Und wie oft t................. Sie mit Ihrem Handy, um jemandem zu s............., dass Sie gerade im Zug s.............?

Der größte Zeitkiller aber ist das Fernsehen. Interessanterweise kennen Menschen, die gar keine Zeit haben, das Fernsehprogramm am besten. Sie w............., dass der Talkshow-Moderator eine grüne Krawatte trug oder was in einer TV-Serie gerade p............. Auf die Frage „Woher nimmst du so viel Zeit zum Fernsehen?" a............. sie immer das Gleiche: „Der Fernseher l............. bei mir nur nebenbei." Aber wir wissen natürlich, dass es nicht wenige Menschen g............., die gar nicht in der Lage sind, zwei Dinge gleichzeitig zu tun.

Früher und jetzt

Karte 1 arbeiten	**Karte 2** sich fürchten	**Karte 3** sich interessieren	**Karte 4** sich verlieben
Karte 5 denken	**Karte 6** verzichten	**Karte 7** reden/ sprechen	**Karte 8** achten
Karte 9 warten	**Karte 10** träumen	**Karte 11** sich beschäftigen	**Karte 12** sich ärgern
Karte 13 sich freuen	**Karte 14** teilnehmen	**Karte 15** telefonieren	**Karte 16** sich streiten

Interessieren Sie sich für …?

Fehlt ein *v*, ein *f* oder ein *w*? Ergänzen Sie die Sätze.

Moderatorin: Interessieren Sie sich ..... ür bildende Kunst?

Sprecher 1: ..... ür bildende Kunst? Also ..... enn Sie diese modernen Bilder meinen, auf denen man nichts erkennen kann, nur ein paar Striche oder ..... arbkleckse, also da ..... ür interessiere ich mich nicht. Mir ge ..... allen nur die alten Bilder von – wie heißt der Maler doch gleich – ach ja, Rembrandt, die Bilder von Rembrandt ..... inde ich gut. Da sieht man ja auch noch ..... as, Personen zum Beispiel.

Sprecher 2: Kunst? ..... as ..... erstehen Sie unter Kunst? Ich interessiere mich ..... ür Fotogra ..... ie. Für mich ist ein gutes ..... oto Kunst. Ich fotogra ..... iere auch selbst, meistens sch ..... arz- ..... eiß. Es gibt, glaube ich, auch immer mehr Museen, die Fotogra ..... ien ausstellen. Letztens ..... ar ich in einer ..... otoausstellung ..... on Annie Leibovitz, eine ganz tolle Ausstellung. Aber, das gebe ich ehrlich zu, nicht alle Fotos, die in Museen ausgestellt werden, ... inde ich gut. Bei manchen Fotos ..... rage ich mich, ... arum gerade diese ..... otos in einem Museum hängen.

Sprecher 3: Was ich ..... on Kunst halte? Na, sehr ..... iel. Wir ..... erreisen sehr oft und in jeder großen Stadt besuchen wir auch die Museen. Wir ..... aren letztens in New York und ..... aren natürlich auch im Museum of Modern Art und im Guggenheim-Museum. In New York stehen die Leute ..... or den guten Museen Schlange. Wir haben zwei Stunden ge ..... artet, be ..... or wir die Ausstellung im MoMA sehen konnten. Natürlich kennen wir auch den Louvre in Paris und die Eremitage in St. Petersburg. Aber mein Lieblingsmuseum ist das Centre Georges Pompidou in Paris. Dort hängen ..... underbare Bilder von ..... assily Kandinsky, das ist mein Lieblingsmaler. Im Lehnbachhaus in München kann man auch ..... iele Bilder von Kandinsky sehen, das kann ich nur ..... eiteremp ..... ehlen, wenn sich jemand ..... ür Kandinsky interessiert.

Sprecherin 4: Ich ..... inde die Idee mit der Museumsnacht sehr gut. In der Museumsnacht kann man kostenlos alle Museen in der Stadt besuchen, es gibt überall auch noch ..... as zu trinken und ..... iele Leute. Seit es die Museumsnacht gibt, gehe ich ..... ieder ins Museum, ... rüher habe ich das ehrlich gesagt nicht gemacht. Ich ..... and es irgendwie langweilig. Am besten ge ..... allen mir immer noch die Bilder der Impressionisten, also Manet und Monet zum Beispiel. Das ..... ar schon in der Schule so und ist bis heute so geblieben. Mit der ganz modernen Kunst kann ich nicht so ..... iel an ..... angen.

Sagen Sie Ja!

Finden Sie mindestens eine Person, die vier senkrecht, waagerecht oder diagonal hintereinander stehende Fragen alle mit Ja oder alle mit Nein beantwortet.

Waren Sie/Warst du schon einmal in einem Museum in Deutschland?	Waren Sie/Warst du schon in einem Konzert in einem deutschsprachigen Land?	Haben Sie/Hast du zu Hause die Reproduktion eines berühmten Gemäldes?	
Finden Sie/Findest du moderne Kunst sehr interessant?	Waren Sie/Warst du letztes Jahr mehr als einmal in einem Museum?	Finden Sie/Findest du Ausstellungen über Technik interessant?	Kennen Sie/Kennst du einen Künstler persönlich?
Mögen Sie/Magst du volks- und heimatkundliche Museen?	Bekommen Sie/Bekommst du Ermäßigung in Museen?	Kommen Sie/Kommst du aus einer Stadt, wo es mindestens zwei Museen gibt?	Waren Sie/Warst du schon einmal in einem Filmmuseum?
Haben Sie/Hast du ein kreatives Hobby?	Können Sie/Kannst du gut zeichnen, malen oder fotografieren?	Haben Sie/Hast du in der Schule Theater gespielt oder im Chor gesungen?	Interessieren Sie sich/Interessierst du dich für historische Museen?
Gehen Sie/Gehst du im Heimatland oft ins Museum?	Kennen Sie/Kennst du mindestens drei deutsche Schauspieler?	Haben Sie/Hast du schon einmal ein sehr großes Museum besucht?	Haben Sie/Hast du schon einmal eine sehr interessante Ausstellung gesehen?

Das Leben von Paul Klee [A]

Sie haben Informationen über Paul Klee kopiert, aber manche Wörter sind unlesbar. Zum Glück hat Ihre Nachbarin/ Ihr Nachbar die fehlenden Informationen.

Sie können Ihre Fragen folgendermaßen formulieren: *Was passierte am …? Weißt du, was am … passierte?*

Paul Klee:	Maler, Grafiker
18. Dezember 1879:	Paul Klee wird
1898:	Übersiedlung nach München. Er lernt an einer Privatschule malen und zeichnen.
1900:	Studium an der Münchener Akademie in der Malklasse von Franz von Stuck
1901/02:	
1905:	Studienreise nach Paris
1902–1906:	Klee lebt wieder in Bern
1906:	Heirat mit der Pianistin Lily Stumpf. Das Paar zieht nach München. Klee lernt in Ausstellungen Werke von Vincent van Gogh und Paul Cézanne kennen.
1908:	Bekanntschaft mit Wassily Kandinsky, Franz Marc und Hans Arp
1920:	Walter Gropius beruft Klee an das Bauhaus (neue Schule für Architektur, Kunst und Design) in Weimar, er unterrichtet dort in einer Malklasse.
1924:	Erste Klee-Ausstellung in New York
1924:	Klee gründet mit Kandinsky, Feininger und Jawlensky „Die Blaue Vier". Er malt vor allem _____ und absolute Bilder.
1931:	Professur an der _____ Kunstakademie
1933:	Die Nationalsozialisten verbieten Klee das Unterrichten. Übersiedlung nach Bern
1935:	Klee-Ausstellungen in
29. Juni 1940:	Tod in Muralto in Tessin/Schweiz

Wortschatzhilfe

eine Reise machen/unternehmen	jemanden kennenlernen
nach Bern/in die Schweiz übersiedeln/umziehen	jemanden heiraten
an der Universität studieren	eine Ausstellung findet statt
eine Professur bekommen	sterben (er stirbt)

Das Leben von Paul Klee [B]

Sie haben Informationen über Paul Klee kopiert, aber manche Wörter sind unlesbar. Zum Glück hat Ihre Nachbarin/
Ihr Nachbar die fehlenden Informationen.
Sie können Ihre Fragen folgendermaßen formulieren: *Was passierte am …? Weißt du, was am … passierte?*

Paul Klee: Maler, Grafiker

18. Dezember 1879:   Paul Klee wird in Münchenbuchsee bei Bern als Sohn eines Musiklehrers und einer Sängerin geboren.

1898:   Übersiedlung nach München. Er lernt an einer Privatschule malen und zeichnen.

      in der Malklasse von Franz von Stuck

1900:   Studium

1901/02:   Studienreise nach Rom

1905:   Studienreise nach Paris

1902–1906:

1906:   Heirat mit der Pianistin Lily Stumpf. Das Paar zieht nach
      Klee lernt in Ausstellungen Werke von Vincent van Gogh und Paul Cézanne kennen.

1908:   Bekanntschaft mit Wassily Kandinsky, Franz Marc und Hans Arp

1920:   Walter Gropius beruft Klee an das Bauhaus (neue Schule für Architektur, Kunst und Design) in Weimar, er unterrichtet dort in einer Malklasse.

1924:

1924:   Klee gründet mit Kandinsky, Feininger und Jawlensky „Die Blaue Vier". Er malt vor allem konstruktive und absolute Bilder.

1931:   Professur an der Düsseldorfer Kunstakademie

1933:

1935:   Klee-Ausstellungen in Bern und Basel

29. Juni 1940:   Tod in Muralto in Tessin/Schweiz

Wortschatzhilfe

eine Reise machen/unternehmen	jemanden kennenlernen
nach Bern/in die Schweiz übersiedeln/umziehen	jemanden heiraten
an der Universität studieren	eine Ausstellung findet statt
eine Professur bekommen	sterben (er stirbt)

Grammatik- und Wortschatztraining

1. Welche Gegenstände gibt es im Klassenraum, in Ihrer Tasche, an Ihrem Arbeitsplatz?
    Erstellen Sie eine Liste. Ordnen Sie die Wörter nach Artikeln.

maskulin	feminin	neutral

2. Wozu werden diese Gegenstände benutzt?
    Bilden Sie Sätze oder schreiben Sie eine Geschichte mit diesen Wörtern. Benutzen Sie möglichst viele Verben mit präpositionalem Kasus (s. Kursbuch S. 28, C7).

Begegnungen B1$^+$

Wiederholungstest

1. Welchen Artikel hat das Wort? Ergänzen Sie.

    1. .... Lesen
    2. .... Taxifahrer
    3. .... Internet
    4. .... Drucker
    5. .... Besuch

    6. .... Lampe
    7. .... Ankunft
    8. .... Gewinn
    9. .... Ärztin
    10. .... Abteilung

    .... /10 Punkte

2. Ergänzen Sie die Verben im Perfekt.

    ♦ Gestern *bin* ich um halb sieben *aufgestanden*. (aufstehen)

    1. Danach .... ich mich .... (duschen)

    2. Dann .... meine Frau und ich .... (frühstücken)

    3. Ich .... zwei Brötchen ...., aber sie .... nur einen Tee .... (essen, trinken)

    4. Von 10.00 bis 12.00 Uhr .... ich an einer Besprechung .... (teilnehmen)

    5. Ich .... auch viele E-Mails .... (schreiben)

    6. Am Nachmittag .... ich mit einem Kunden .... (telefonieren)

    7. Am Abend .... ich meine Tante .... (besuchen)

    8. Danach .... meine Frau und ich ins Theater .... (gehen)

    9. Ich .... um 24.00 Uhr .... (einschlafen)

    .... /10 Punkte

3. Ergänzen Sie den Ausdruck mit einem passenden Verb.

    ♦ im Büro   *arbeiten*

    1. ein Problem ....
    2. im Stau ....
    3. Bücher ....

    4. auf den Bus ....
    5. ein Museum ....
    6. neue Konzepte ....

    .... /6 Punkte

4. Ergänzen Sie die Präpositionen und, wenn nötig, den Artikel.

 ♦ *Ab* 8.00 Uhr bin ich zu Hause.

 1. .... Montag .... Freitag arbeite ich zu Hause.

 2. Der Unterricht beginnt .... 14.00 Uhr.

 3. .... des Mittagessens haben wir viele wichtige Sachen besprochen.

 4. .... Oktober wohne ich in Bonn.

 5. .... Januar reise ich in die Schweiz.

 6. .... Mittwoch habe ich einen Abendkurs.

 7. .... dem Essen mache ich einen kleinen Spaziergang.

 8. .... Moment bin ich leider arbeitslos.

 .... /9 Punkte

5. Ergänzen Sie die Präpositionen und die Endungen.

 ♦ Wartest du *auf* dein*en* Chef?

 1. Ich interessiere mich .... modern......... Kunst.

 2. Ulrich hat sich .... d......... Geschenke sehr gefreut.

 3. Ich möchte .... Ihr......... Kollegin sprechen.

 4. Hast du dich wieder .... dein......... Eltern gestritten?

 5. Wir müssen unbedingt .... ein......... Lösung suchen.

 6. Ich danke euch .... dies......... Blumen.

 7. Robert will sich .... ein......... neue Stelle bewerben.

 8. Wir müssen .... dies......... Problem reden.

 9. Er beschäftigt sich .... d......... neuen Projekt.

 10. Erinnerst du dich noch .... dein......... Kindheit?

 .... /10 Punkte

 Insgesamt: .... /45 Punkte

Prüfungsvorbereitung „Zertifikat B1"

Prüfungsteil: Sprechen

1. Stellen Sie sich vor.

    Sagen Sie etwas über:

    1. Ihre Familie
    2. Ihre Ausbildung
    3. Ihre Arbeit/Ihr Studium
    4. Ihr Heimatland
    5. Ihren letzten Urlaub
    6. Ihre Wünsche und Träume
    7. den Grund, warum Sie Deutsch lernen
    8. Ihr Hobby oder Ihre Freizeitbeschäftigungen

2. Diskutieren Sie mit Ihrer Nachbarin/Ihrem Nachbarn und sammeln Sie Fragen, die mit diesen Themen zusammenhängen.

    ▫ Sind Sie verheiratet? Wo haben Sie studiert?

3. Sie haben den Prüfer nicht verstanden. Was sagen Sie? Sammeln Sie Redemittel.

    ▫ Entschuldigung, ich habe Ihre Frage nicht gut verstanden. Könnten Sie …?

Berufe

Karte 1

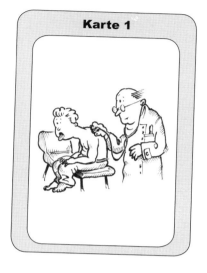

Karte 2

Karte 3

Karte 4

Karte 5

Karte 6

Karte 7

Karte 8

Ihre Meinung bitte

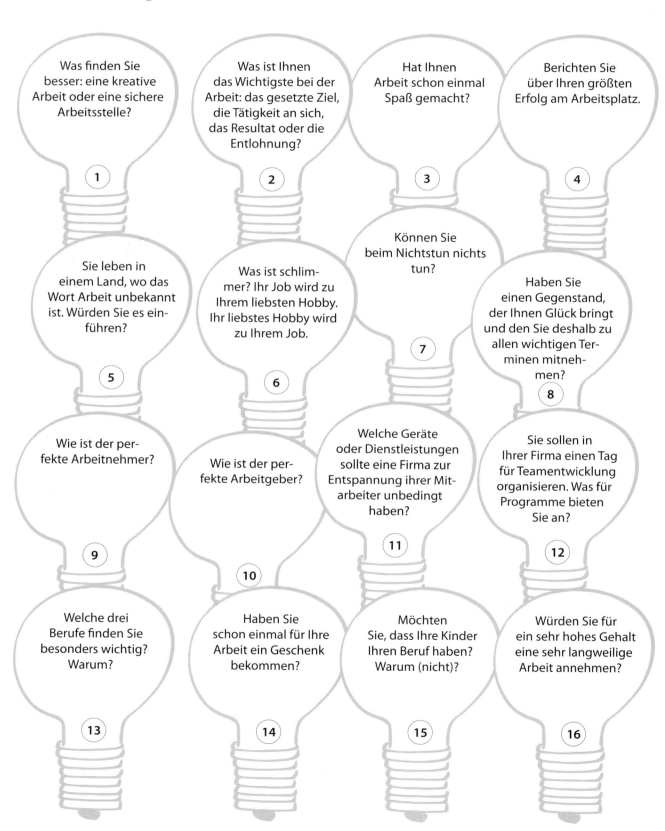

1. Was finden Sie besser: eine kreative Arbeit oder eine sichere Arbeitsstelle?

2. Was ist Ihnen das Wichtigste bei der Arbeit: das gesetzte Ziel, die Tätigkeit an sich, das Resultat oder die Entlohnung?

3. Hat Ihnen Arbeit schon einmal Spaß gemacht?

4. Berichten Sie über Ihren größten Erfolg am Arbeitsplatz.

5. Sie leben in einem Land, wo das Wort Arbeit unbekannt ist. Würden Sie es einführen?

6. Was ist schlimmer? Ihr Job wird zu Ihrem liebsten Hobby. Ihr liebstes Hobby wird zu Ihrem Job.

7. Können Sie beim Nichtstun nichts tun?

8. Haben Sie einen Gegenstand, der Ihnen Glück bringt und den Sie deshalb zu allen wichtigen Terminen mitnehmen?

9. Wie ist der perfekte Arbeitnehmer?

10. Wie ist der perfekte Arbeitgeber?

11. Welche Geräte oder Dienstleistungen sollte eine Firma zur Entspannung ihrer Mitarbeiter unbedingt haben?

12. Sie sollen in Ihrer Firma einen Tag für Teamentwicklung organisieren. Was für Programme bieten Sie an?

13. Welche drei Berufe finden Sie besonders wichtig? Warum?

14. Haben Sie schon einmal für Ihre Arbeit ein Geschenk bekommen?

15. Möchten Sie, dass Ihre Kinder Ihren Beruf haben? Warum (nicht)?

16. Würden Sie für ein sehr hohes Gehalt eine sehr langweilige Arbeit annehmen?

Privat surfen am Arbeitsplatz

Hören oder lesen Sie den Text A10 (CD 1.08) noch einmal und ergänzen Sie die Präpositionen.

bei (3 x) ⬦ beim ⬦ bis ⬦ für (5 x) ⬦ im (4 x) ⬦ mit ⬦ nach ⬦ über ⬦ von ⬦ während

Welche Medien darf man .... Büro privat nutzen?

Viele Arbeitsplätze haben heutzutage einen Internetanschluss. Was liegt näher, als den beruflichen Internetanschluss .... den privaten E-Mail-Verkehr, ... *eBay*-Auktionen oder .... die Suche .... dem neusten Kinofilm zu nutzen? Ebenso verlockend ist es, privat zu telefonieren.

Doch Vorsicht! Schnell kann .... einer solchen Aktion das Arbeitsverhältnis auf dem Spiel stehen – wie es kürzlich .... der Firma Karma in Osnabrück passiert ist. Die Firma prüft zurzeit die Entlassung .... 60 Mitarbeitern. Die Begründung .... diese Maßnahme lautet: Diese Mitarbeiter haben .... ihrer Arbeitszeit im Internet gesurft. Aber was ist am Arbeitsplatz erlaubt und was verboten? Wenn der Arbeitgeber das Surfen verboten hat und es eine entsprechende Vereinbarung .... dem Arbeitnehmer gibt, dürfen die Mitarbeiter nicht .... Internet surfen. Wenn es kein offizielles Verbot gibt und der Chef weiß, dass die Mitarbeiter privat .... Internet surfen, dann kann man die Mitarbeiter nicht so einfach entlassen.

Ein Entlassungsgrund ist aber, wenn Mitarbeiter das Internet über das normale Maß hinaus privat nutzen. In vielen Firmen wird ein Protokoll .... die genutzten Internetseiten geführt. Auch .... privaten E-Mails kommt es darauf an, ob der Arbeitgeber die E-Mails erlaubt oder ausdrücklich verbietet.

.... Telefonieren kann der Arbeitnehmer davon ausgehen, dass er in geringem Umfang das Telefon .... den privaten Gebrauch nutzen darf. Nach mehreren Gerichtsurteilen kann die Zeit, die der Arbeitnehmer telefoniert oder .... Internet surft, ... zu 100 Stunden im Arbeitsjahr betragen.

So machen Sie …

Schreiben Sie fünf bis zehn Vorschläge zu einem der folgenden Themen:

a) So machen Sie <u>Ihre Firma</u> zu einem besseren Ort.

b) So machen Sie <u>die Welt</u> zu einem besseren Ort.

> Freunde ◆ Sport ◆ Geschenke ◆ Sprachen ◆ Fernsehen ◆ Kleidung ◆ Alltagstätigkeiten ◆ Freizeit ◆ Familie ◆ karitative Tätigkeiten ◆ lächeln ◆ helfen ◆ sprechen ◆ schreiben ◆ telefonieren ◆ geben/schenken ◆ sich engagieren ◆ spenden ◆ …

So können Sie Ihre Vorschläge formulieren:

☐ Es wäre gut, wenn alle Mitarbeiter/Menschen …

☐ Unsere Firma/Die Welt wäre ein besserer Ort, wenn …

☐ Alle Mitarbeiter/Menschen könnten/sollten …

1. a) ....
    b) ....

2. a) ....
    b) ....

3. a) ....
    b) ....

4. a) ....
    b) ....

5. a) ....
    b) ....

6. a) ....
    b) ....

7. a) ....
    b) ....

8. a) ....
    b) ....

9. a) ....
    b) ....

10. a) ....
    b) ....

Begegnungen B1⁺

Telefonieren

Ergänzen Sie die fehlenden Verben in den Redemitteln.

1. Sich melden, Hilfe anbieten

Guten Tag. Hier i .... Martin Fischer.

Was kann ich für Sie t ....?

Kann ich Ihnen h ....?

2. Jemanden sprechen

K .... ich bitte Herrn Klein sprechen?

Ich m .... gerne (mit) Herrn Klein sprechen.

3. Den Anrufer verbinden

Ich v .... Sie. Einen Moment bitte.

Wie w .... Ihr Name?

Könnten Sie Ihren Namen b ....?

4. Die gewünschte Person ist nicht da

T .... mir leid, Herr Klein ist heute nicht im Büro.

Kann ich ihm etwas a ....?

Möchten Sie eine Nachricht h ....?

5. Eine Nachricht hinterlassen

Könnten Sie Herrn Klein a ...., dass die Verträge noch nicht da sind?

Könnten Sie Herrn Klein bitte s ...., er soll mich z ....

6. Nach dem Grund des Anrufs fragen

Worum g .... es?

Worum h .... es sich?

7. Den Grund des Anrufs nennen

Ich w .... gern einen Termin v ....
Es g .... um unsere neuen Produkte.

Ich rufe an, weil ich Ihnen ein neues Produkt v .... möchte.

8. Informationen erfragen

Ich möchte gerne w ...., wann Herr Klein zurückkommt.

Könnten Sie mir s ...., wann Herr Klein zurückkommt?

Ich h .... eine Frage: Wann kommt Herr Klein zurück?

9. Einen Terminvorschlag machen

G .... es am Dienstag, dem fünften März um 11.00 Uhr?

P .... es Ihnen am Dienstag, dem fünften März um 11.00 Uhr?

H .... Sie nächste Woche Zeit?

10. Auf den Terminvorschlag reagieren

Nein, das t .... mir leid. Am Dienstag h .... ich leider keine Zeit.

Ja, der 5.3. um 10.00 Uhr p .... mir.

Ich h .... am 5. März Zeit.

Am 5.3. w .... es mir passen.

11. Einen Termin absagen

Ich muss den Termin am 5.3. leider a ...., denn ich muss verreisen.

Könnten wir den Termin v ....?

12. Das Gespräch beenden

Danke für Ihren Anruf.

Ich m .... mich morgen wieder.

Auf Wiederhören.

Begegnungen B1⁺

Umgangsformen im Geschäftsleben

1. Formulieren Sie die Regeln, die dieser Mann bei Verhandlungen mit deutschen Geschäftspartnern beachten sollte.

Pünktlichkeit

Kundenbesuch: bei Verspätung den Kunden informieren

Verspätung: die absolute Ausnahme

Begrüßung

Wer zuerst sieht, grüßt zuerst.

Handschlag: Gastgeber dem Gast, die ältere Person der jüngeren usw.

zur Begrüßung aufstehen

Vorstellung

sich mit Vor- und Nachnamen vorstellen, sich in die Augen sehen

Anrede: Herr/Frau, Nachname und akademischer Titel

die Visitenkarte unbedingt lesen

„Sie" sagen

Kleidung

bei Banken oder Versicherungen: klassisches Outfit tragen

in kreativen Berufszweigen (Werbefirmen oder IT-Branche): informelle Kleidung

Geschäftsessen

Trinkgeld: zwischen fünf und zehn Prozent

zu meidende Themen: Politik, Religion, Krankheiten, die Konkurrenz, private Probleme

gute Gesprächsthemen: Hobbys, Sport, das Wetter, Reisen, das Geschäft selbst

2. Welche Ratschläge würden Sie jemandem geben, der in Ihrem Heimatland Geschäfte machen möchte?

Themen zum Smalltalk

Karte 1

Wetter

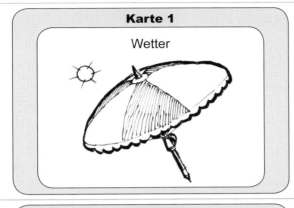

Karte 2

Sport

Karte 3

Fernsehen

Karte 4

Lesen

Karte 5

Arbeit

Karte 6

Essen und Trinken

Karte 7

Leben im Heimatland

Karte 8

Schule und Ausbildung

Themen zum Smalltalk

Karte 9

Kino, Theater, Museen

Karte 10

Sprachenlernen

Karte 11

Musik, Konzerte

Karte 12

Einkaufen

Karte 13

Party, Feiern

Karte 14

Familien und Kinder

Karte 15

Hobbys und Freizeit

Karte 16

Wohnen, Haus, Haustiere

Grammatik- und Wortschatztraining

1. Ordnen Sie die Verben zu. Geben Sie auch die Vergangenheitsformen an.

> anrufen ◆ antworten ◆ ausrichten ◆ bestellen ◆ beantworten ◆ bitten ◆ danken ◆ empfehlen ◆ geben ◆
> gefallen ◆ glauben ◆ helfen ◆ informieren ◆ leihen ◆ lieben ◆ passen ◆ sagen ◆ schicken ◆ schmecken ◆
> versprechen ◆ zurückrufen ◆ zeigen ◆ widersprechen

Verben mit Akkusativ	Verben mit Dativ	Verben mit Akkusativ und Dativ
anrufen, er rief an, er hat angerufen		

2. Schreiben Sie den Anfang eines Liebesromans, eines Krimis oder eines Berichts zu einem frei gewählten Thema. Benutzen Sie dabei möglichst viele Verben aus der Liste.

Wiederholungstest

1. Was machen diese Menschen? Schreiben Sie Sätze.

    ◆ Ein Physiker *macht verschiedene Experimente.*

    1. Ein Polizist ....

    2. Ein Arzt ....

    3. Ein Lehrer ....

    4. Ein Sekretär ....

    5. Ein Informatiker ....

    .... /10 Punkte

2. Ergänzen Sie den Text mit den passenden Verben.

    | beantworten ◆ bekommen ◆ gehen ◆ machen ◆ müssen ◆ schreiben ◆ sehen ◆ sein ◆ teilnehmen ◆ tragen ◆ arbeiten |

    Liebe Hanna,

    ich hoffe, es *geht* Dir gut!
    Ich habe endlich Zeit, Deinen Brief zu .... Vor drei Wochen habe ich eine
    neue Stelle bei einer deutschen Firma .... Ich .... im Moment
    an einem Projekt für ein neues Verkehrssystem. Natürlich .... ich mich erst
    mal ein bisschen einarbeiten. Ich habe flexible Arbeitszeiten und nette Kollegen, das ist
    gut. Mein Gehalt .... nicht so hoch, das .... ich als Nachteil. Aber
    die Arbeit .... mir bis jetzt sehr viel Spaß. Ich habe mein eigenes Büro und
    einen ganz modernen Computer. Gestern habe ich an meinem ersten Geschäftsessen
    .... Ich musste einen Anzug und eine Krawatte .... !
    .... mir etwas über Deine Arbeit, wenn Du Zeit hast.
    Viele Grüße
    Janosch

    .... /10 Punkte

3. Ergänzen Sie das Telefongespräch mit den passenden Verben.

    A: Guten Tag, Joseph Krämer hier. Kann ich bitte Herrn Schrader .... ?

    B: Einen Moment, ich .... Sie.

    C: Schrader hier, guten Tag. Was kann ich für Sie .... ?

    A: Guten Tag, Herr Schrader. Ich rufe Sie an, weil ich Ihnen unser neues Produkt .... möchte.

    C: Wann .... Sie vorbeikommen?

    A: Am 25. März. Würde es Ihnen da .... ?

    C: Es .... , aber am 25. habe ich schon sehr viele Termine. Am 26. um 10.00 Uhr .... ich Zeit.

    A: Ja, der 26. um 10.00 Uhr .... mir gut. Ich .... bei Ihnen vorbei.

    .... /10 Punkte

4. Äußern Sie Ihre Meinung. Benutzen Sie immer ein anderes Redemittel.

1. In Restaurants sollte man das Rauchen verbieten.

   ....

2. Jeder Europäer sollte Deutsch lernen.

   ....

3. Ich schlage vor, dass unsere Abteilung jeden Montag eine Besprechung hat.

   ....

4. Private Telefonate müssen die Mitarbeiter selbst bezahlen.

   ....

5. Die Firma muss mehr Informatiker einstellen.

   ....

   .... /10 Punkte

5. Sagen Sie es noch höflicher, im Konjunktiv II.

1. Darf ich das Telefon benutzen?   ....

2. Kann ich Frau Lüders sprechen?   ....

3. Öffnest du bitte die Tür?   ....

4. Sie sollten nicht so viele Süßigkeiten essen.   ....

5. Wir wollen gern eine Tasse Tee.   ....

   .... /5 Punkte

   Insgesamt: .... /45 Punkte

Prüfungsvorbereitung „Zertifikat B1"

Schreiben, Teil 2

Sie lesen im Internet zum Thema „Zweistündiges Telefonverbot am Arbeitsplatz" folgende Meldung:

> Ich finde, man sollte am Arbeitsplatz täglich ein Telefonverbot für zwei Stunden einführen. Man kann doch nicht konzentriert arbeiten, wenn man ständig durch das Klingeln des Telefons unterbrochen wird. Wenn ich zum Beispiel zwischen 10.00 und 12.00 Uhr keine Anrufe entgegennehmen müsste, könnte ich in dieser Zeit viel effizienter arbeiten und die Qualität meiner Arbeit würde sich wahrscheinlich auch erhöhen.

Schreiben Sie Ihre Meinung (ca. 80 Wörter).

....

....

....

....

....

....

....

....

Schreiben, Teil 3

Sie haben von Ihrem deutschen Kollegen, Herrn Fischer, eine Einladung zu einer Besprechung über ein wichtiges Projekt bekommen. Die vorgeschlagene Zeit passt Ihnen aber nicht.
Schreiben Sie an Herrn Fischer. Entschuldigen Sie sich höflich und berichten Sie, warum Sie nicht kommen können.
Schreiben Sie eine E-Mail von ca. 40 Wörtern. Vergessen Sie nicht die Anrede und den Gruß am Schluss.

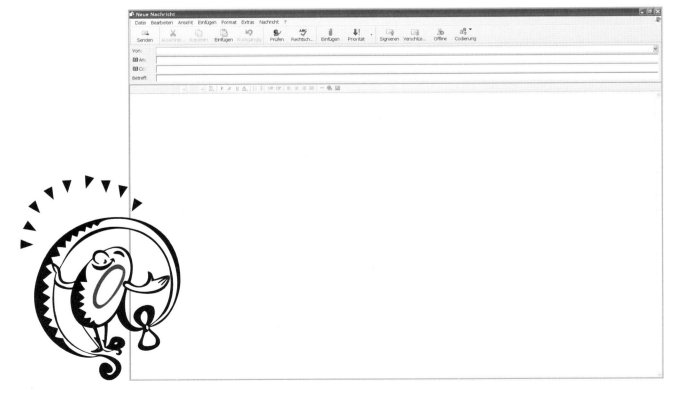

Auf der Leipziger Buchmesse

Hören Sie das Gespräch zu A8 (CD 1.12) noch einmal und ergänzen Sie die fehlenden Vokale.

Redakteurin: Hallo, l......be Zuh......rerinnen und Zuh......rer. Wir sind hier auf der Leipziger Buchm...... sse, die in diesem Jahr w......der einen Rekord an Besuchern zu verz......chnen hat. Wir wollen h......te wissen, wer l......st was und warum. Hallo, darf ich Sie mal k......rz was fragen?

Besucher 1: Ja, wenn's schnell g......ht.

Redakteurin: Wir m......chten gerne wissen, für welche B......cher Sie sich interessier......n und warum.

Besucher 1: Ich interess......re mich in erster Linie für popul......rwissenschaftlich...... Bücher. Ich bin L......hrer und möchte eben gern wissen, was es für neue wissenschaftliche Erkenntnisse gibt. Ich ......nterrichte eigentlich Philosoph......, doch ich finde es sehr wichtig, dass ich auch w......ß, was es im nat......rwissenschaftlichen Ber......ch Neues gibt. Wenn Sie so w......llen, dann lese ich, um mich weiterzub......lden.

Redakteurin: Herzlichen Dank. Darf ich Sie mal was fragen? Wir sind vom Mitteldeutschen R......ndfunk und machen eine Umfrage, wer ......s welchem Grund welche Bücher liest.

Besucherin: Also, ich lese gerne Krimis. Hier auf d......r Buchmesse hat heute Vormittag Ingrid N......ll aus ihrem neuesten Roman v......rgelesen und das w......llte ich mir unbedingt anhören. Es war ganz t......ll!

Redakteurin: Warum lesen Sie g......r......de Krimis?

Besucherin: Ich lese eigentlich nur, um mich zu entspannen. Ich bin Sekretärin. Mein Ber......f ist zwar sehr anstrengend, aber es passiert nicht wirklich etwas Spannendes oder Aufregendes. Ja, und deshalb lese ich gerne spannende Bücher.

Redakteurin: Danke schön. Hallo. Wir machen eine ......mfrage. Welche Bücher lesen Sie gern und warum?

Besucher 2: Hm, ich lese aus ber......flichen Gr......nden. Ich bin Germanist und im Moment schr......be ich meine D......ktorarbeit über neue Tendenzen der Gegenwartsliterat......r. Das heißt, ich interessiere mich für junge deutsche ......toren und interessante neue Romane oder Erz......hlungen. Eigentlich bin ich hier, um m......r einen Überblick über neue Bücher auf dem Markt zu verschaffen.

Redakteurin: Und haben Sie ein interessantes Buch entd......ckt? Das w......rde unsere Zuh......rer vielleicht auch interessieren.

Besucher 2: Ja, meine Empfehlung ist ein kleines, aber sehr gutes Buch von Jakob Hein. Es heißt: *Herr Jensen steigt aus.*

Redakteurin: G...... nz herzlichen Dank. Und mit dieser Expertenempfehlung möchten wir uns f......r heute von der Buchmesse verabsch......den.

Hobbys vorstellen

Haben Sie ein Hobby? Gibt es etwas, was Sie besonders gut können (kochen, Tennis spielen, singen usw.)?
Berichten Sie darüber. Benutzen Sie einige der folgenden Redemittel.

- Mein Hobby ist … *(Malen)*.
  Ich kann sehr gut … *(malen)*.

- Ich habe dieses Hobby seit … Jahren.
  Ich habe mich dafür entschieden, weil …

- Ein guter … *(Maler)*/Eine gute … *(Malerin)*
  braucht …

- Um ein guter … *(Maler)* zu sein,
  braucht man …

- Man braucht … *(einen Pinsel)*,
  um … zu …

- Ich benutze … *(einen Pinsel)*, um … zu …

- Ich habe … *(begonnen zu malen)*, statt … *(singen zu lernen)*

- Ich suche immer nach Möglichkeiten, um … *(neue Techniken zu lernen)*

- Man sollte … *(das Atelier nie verlassen)*, … *(ohne aufzuräumen)*

- Wer mit … *(Malen)* anfangen möchte, der sollte …

- Beim Malen ist es ganz wichtig/sehr schön, dass …

Die Erfindung des Buchdrucks

Ergänzen Sie die Verben in der richtigen Form.

> drucken ♦ entdecken ♦ entstehen ♦ erfinden ♦ ermöglichen ♦ existieren ♦ können ♦ geben ♦ sein ♦ spielen ♦
> werden ♦ wollen ♦ zählen

*D*as 15. Jahrhundert *spielt* in der Geschichte eine große Rolle, es ist der Übergang vom Mittelalter zur Neuzeit. Spanier und Portugiesen .... über den Seeweg neue Welten und in vielen Ländern .... es politische Veränderungen. Gleichzeitig war es ein Jahrhundert voller Gegensätze: Erste kirchliche Reformen und neue Wege in der Kunst standen auf der einen Seite – schreckliche Kriege und Inquisitionsprozesse auf der anderen Seite.

In dieser Zeit .... nur wenige Menschen lesen und schreiben. Bücher wie die Bibel wurden in der Regel von Mönchen mit der Hand abgeschrieben, um sie zu vervielfältigen. Es .... auch schon der Holzdruck, doch das war ein sehr zeitraubendes Verfahren. Der um 1400 geborene Johannes Gutenberg .... ein ehrgeiziger und begabter Drucker. Er .... Exemplare der Bibel herstellen, die schöner als die Abschriften der Mönche waren. Deshalb .... er etwas ganz Neues: den Buchdruck mit beweglichen Metall-Lettern. Der Grundgedanke seiner Erfindung war die Zerlegung eines Textes in einzelne Druckelemente wie Klein- und Großbuchstaben oder Satzzeichen. Diese Elemente .... dann zu Wörtern, Zeilen und Seiten zusammengefügt, was einen schnelleren Druck ....

Als Gutenbergs Meisterwerk gilt die 42-zeilige Bibel. Das zweibändige Werk mit insgesamt 1282 Seiten .... auf dem Höhepunkt seiner Karriere mithilfe von etwa 20 Mitarbeitern. Gutenberg hat für seine Bibel auch 290 verschiedene Bilder gegossen, die später in den Text eingefügt wurden. Von den 180 Exemplaren wurden vermutlich 150 auf Papier und 30 auf kostbarerem Pergament ....

Heute existieren davon noch 48 Exemplare. Die Gutenberg-Bibel .... bis heute zu den schönsten gedruckten Büchern der Welt.

Sprüche über Bücher [A]

Satzanfang	**Satzanfang**	**Satzanfang**	**Satzanfang**
Du öffnest die Bücher und …	Ein Buch ist wie ein Garten, …	Die guten Bücher sind so …	Ein Raum ohne Bücher ist …
Satzanfang	**Satzanfang**	**Satzanfang**	**Satzanfang**
Es ist idiotisch, sieben oder acht Monate an einem Roman zu schreiben, wenn …	In Büchern liegt die Seele …	Die Erfindung des Buchdrucks …	Bücher haben Ehrgefühl. Wenn man sie verleiht, …
Satzanfang	**Satzanfang**	**Satzanfang**	**Satzanfang**
Bücher sind …	Klassiker sind Autoren, die …	Ein sicheres Zeichen von einem guten Buch ist, wenn …	Eigentlich lernen wir nur von den Büchern, die wir nicht beurteilen können.
Satzanfang	**Satzanfang**	**Satzanfang**	**Satzanfang**
Freunde sind Leute, die …	Es wäre gut, Bücher zu kaufen, wenn …	Seien Sie vorsichtig mit Gesundheitsbüchern.	Auch das schlechteste Buch hat eine gute Seite:

Sprüche über Bücher [B]

Satzende … sie öffnen dich. *(chinesisches Sprichwort)*	**Satzende** … den man in der Tasche trägt. *(arabisches Sprichwort)*	**Satzende** … selten wie die guten Menschen. *(Herman Kesten)*	**Satzende** … ein Körper ohne Seele. *(Cicero)*
Satzende … man in jedem Buchladen für zwei Dollar einen kaufen kann. *(Mark Twain)*	**Satzende** … aller vergangenen Zeiten. *(Thomas Carlyle)*	**Satzende** … ist das größte Ereignis der Weltgeschichte. *(Victor Hugo)*	**Satzende** … kommen sie nicht mehr zurück. *(Theodor Fontane)*
Satzende … geschriebene Fragen. *(Stefan Zweig)*	**Satzende** … man loben kann, ohne sie gelesen zu haben. *(G. K. Chesterton)*	**Satzende** … es einem immer besser gefällt, je älter man wird. *(G. C. Lichtenberg)*	**Satzende** Der Autor eines Buches, das wir beurteilen könnten, müsste von uns lernen. *(J. W. Goethe)*
Satzende … meine Bücher ausleihen und ihre Getränke daraufstellen. *(E. A. Robinson)*	**Satzende** … man die Zeit, sie zu lesen, mitkaufen könnte. *(Arthur Schopenhauer)*	**Satzende** Sie könnten an einem Druckfehler sterben. *(Mark Twain)*	**Satzende** die letzte! *(John Osborne)*

Gegenteile

1. Nennen Sie das Gegenteil. Manchmal gibt es Wiederholungen.

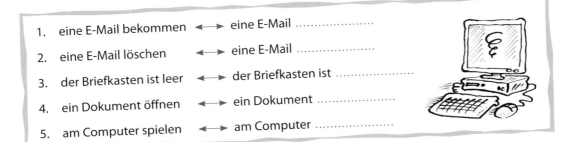

1. das Radio einschalten   ⟷ das Radio ....
2. das Radio leiser stellen   ⟷ das Radio .... stellen
3. ein Radio kaufen   ⟷ ein Radio ....
4. lustige Sendungen mögen   ⟷ .... Sendungen mögen
5. den Knopf nach links drehen ⟷ den Knopf nach .... drehen

1. eine SMS schicken   ⟷ eine SMS ....
2. eine Nummer speichern   ⟷ eine Nummer ....
3. der Akku vom Handy ist leer ⟷ den Akku ....
4. einen Termin vereinbaren   ⟷ einen Termin ....

1. Der Fernseher ist kaputt. ⟷ Der Fernseher ist ....
2. den Fernseher einschalten ⟷ den Fernseher ....
3. eine Sendung interessant finden ⟷ eine Sendung .... finden
4. immer denselben Sender sehen ⟷ den Sender ....

1. eine E-Mail bekommen   ⟷ eine E-Mail ....
2. eine E-Mail löschen   ⟷ eine E-Mail ....
3. der Briefkasten ist leer   ⟷ der Briefkasten ist ....
4. ein Dokument öffnen   ⟷ ein Dokument ....
5. am Computer spielen   ⟷ am Computer ....

2. Bilden Sie möglichst viele Passivsätze in allen Zeitformen.

    ▫ Das Radio wird eingeschaltet.
       Das Radio ist eingeschaltet worden.
       Das Radio wurde eingeschaltet.

Begegnungen B1+

Wären Sie/Hätten Sie …?

1. Was wünschen Sie sich? Beantworten Sie zuerst alle Fragen für sich. Besprechen Sie dann <u>vier frei gewählte</u> Fragen in Kleingruppen.

    1. Wären Sie lieber schön oder gut?

    2. Wären Sie lieber jung oder reich?

    3. Möchten Sie doppelt so schnell denken oder doppelt so schnell handeln?

    4. Hätten Sie lieber einen tollen Job oder ein glückliches Familienleben?

    5. Möchten Sie Ihre Chefin/Ihr Chef sein?

    6. Wünschen Sie der nächsten Generation Ihr eigenes Leben oder wünschen Sie sich das Leben der nächsten Generation?

    7. Gibt es Menschen, denen Sie lieber nie begegnet wären?

    8. Womit hätten Sie gerne früher anfangen? (Violine spielen, kreative Sachen machen, reisen usw.)

    9. Wäre Ihr Leben/Ihre Kindheit anders gewesen, wenn es ein bestimmtes Gerät (Laptop, Handy, digitale Kamera usw.) schon damals gegeben hätte?

    10. Wo wären Sie am liebsten in zehn Jahren?

2. Welche Fragen hätten Sie vor zehn bis fünfzehn Jahren anders beantwortet? Warum hat sich Ihre Meinung verändert?

Erzählen Sie etwas über …

das letzte Buch, das Sie gelesen haben	ein Buch, das Sie nicht mögen	ein Buch, das jeder in Ihrem Heimatland kennt
eine Sendung, die jemand in Ihrer Familie besonders mag	eine populäre Sendung aus Ihrem Heimatland	den Ort, wo Sie am liebsten lesen
ein Buch, das Sie einem Marsmenschen im Namen der Menschheit schenken würden	**Erzählen Sie etwas über …**	eine bekannte Fernsehpersönlichkeit aus Ihrem Heimatland
das erste Buch, das Sie gelesen haben		den Ort, wo Sie am liebsten fernsehen
Ihre Lieblingssendung aus Ihrer Kindheit	einen bekannten Schriftsteller aus Ihrem Land	Ihr jetziges Lieblingsbuch
Ihr Lieblingsbuch aus Ihrer Kindheit	die letzte Fernsehsendung, die Sie gesehen haben	Ihre Lieblingssendung

Grammatik- und Wortschatztraining

1. Ergänzen Sie die Pronomen.

Singular	Plural
Ich wasche	Wir waschen ....
Ich wasche .... die Hände.	Wir waschen .... die Hände.
Du wäschst	Ihr wascht ....
Du wäschst .... die Hände.	Ihr wascht .... die Hände.
Er/sie/es wäscht	Sie/sie waschen ....
Er/sie/es wäscht .... die Hände.	Sie/sie waschen .... die Hände.

2. Ist das Reflexivpronomen obligatorisch oder fakultativ?

> anmelden ◆ anziehen/umziehen ◆ ärgern ◆ aufregen ◆ bedanken ◆ beeilen ◆ befinden ◆ beruhigen ◆
> beschäftigen ◆ beschweren ◆ duschen ◆ einigen ◆ entschuldigen ◆ erkälten ◆ erkundigen ◆ erinnern ◆
> föhnen ◆ freuen ◆ fürchten ◆ interessieren ◆ irren ◆ langweilen ◆ streiten ◆ treffen ◆ unterhalten ◆
> verabreden ◆ verabschieden ◆ verletzen ◆ verlieben ◆ waschen

Das Reflexivpronomen ist fakultativ: *ich ärgere mich/meinen Nachbarn*	**Das Reflexivpronomen ist obligatorisch:** *ich bedanke mich*

3. Finden Sie passende Nomen.

    1. Was kann man sich anziehen?   *Schuhe,* ....
    2. Wofür kann man sich interessieren?   ....
    3. Mit wem kann man sich unterhalten?   ....
    4. Worüber kann man sich freuen?   ....
    5. Was kann man sich waschen?   ....

4. Berichten Sie über Ihren gestrigen Tag. Benutzen Sie möglichst viele von den obigen Verben.

Wiederholungstest

1. Verbinden Sie die Sätze mit *statt … zu, um … zu* oder *ohne … zu*.

   ◆ Ich kaufe jeden Tag die Zeitung. Ich will mich informieren.
     Ich kaufe jeden Tag die Zeitung, um mich zu informieren.

   1. Ich gehe ins Fitnessstudio. Ich will fit sein.

      ....

   2. Ich bin ins Kino gegangen. Ich bin nicht zum Deutschkurs gekommen.

      ....

   3. Ich bin im Herbst nach London gereist. Ich habe keinen Regenschirm mitgenommen.

      ....

   4. Ich fahre mit dem Fahrrad. Ich will die Umwelt nicht verschmutzen.

      ....

   5. Er ist ins Büro gekommen. Er hat die Kollegen nicht gegrüßt.

      ....

      .... /10 Punkte

2. Was wäre passiert? Bilden Sie Sätze mit dem Konjunktiv II in der Vergangenheit.

   1. Das Wetter war nicht schön. Wir machten keinen Ausflug.

      Wenn das Wetter schön ....

   2. Der Zug kam nicht pünktlich an. Wir verpassten die Ausstellungseröffnung.

      ....

   3. Karl bereitete sich auf die Prüfung nicht gut vor. Er fiel durch die Prüfung.

      ....

   4. Ich hatte wenig Zeit. Ich habe nichts gekocht.

      ....

   5. Wir haben nicht im Lotto gewonnen. Wir haben keine größere Wohnung gekauft.

      ....

      .... /10 Punkte

3. Ergänzen Sie die Reflexivpronomen.

   1. Kannst du eine Minute warten? Ich ziehe .... schnell um.
   2. Erinnert ihr .... noch an eure Spanienreise?
   3. An der Nordsee haben wir .... erkältet.
   4. Der kleine Paul fürchtet .... vor Spinnen.
   5. Gestern habe ich .... mit dem neuen Kunden getroffen.
   6. Kämm .... die Haare!

7. Wollt ihr .... diese Fotos anschauen?

8. Wir müssen .... jetzt leider verabschieden.

9. Haben .... Rita und Renate wieder gestritten?

10. Können Sie .... meine Telefonnummer merken?

.... /10 Punkte

4. Bilden Sie Passivsätze. Achten Sie auf die Zeitform.

   1. 1928 – den Fernseher – erfinden *(Präteritum)*

   ....

   2. das Fenster – putzen – müssen *(Präsens)*

   ....

   3. den Kühlschrank – nicht reparieren – können *(Präteritum)*

   ....

   4. die Ausstellung – am 12. November – eröffnen *(Perfekt)*

   ....

   5. das kleine Kino – schließen – müssen *(Präteritum)*

   ....

   6. gerade – ein neues Programm – installieren *(Präsens)*

   ....

   7. den Fernseher – ausschalten – sollen *(Präsens)*

   ....

   8. letztes Jahr – viele deutschsprachige Romane – verkaufen *(Perfekt)*

   ....

.... /8 Punkte

5. Beantworten Sie die Fragen mit drei verschiedenen Nomen.

   1. Nennen Sie drei Sachen, die man lesen kann:

   ....

   2. Nennen Sie drei Typen von Fernsehsendungen:

   ....

   3. Was kann man mit einem Buch machen?

   ....

   4. Nennen Sie drei Medien:

   ....

.... /12 Punkte

Insgesamt: .... /50 Punkte

Prüfungsvorbereitung „Zertifikat B1"

Lesen, Teil 1

Lesen Sie den Text und die Aufgaben 1 bis 6 dazu.
Wählen Sie: Sind die Aussagen richtig oder falsch?

Fernsehen bleibt Freizeitbeschäftigung Nummer 1

Laut einer repräsentativen Umfrage unter 4 000 Menschen ist das Lieblingshobby der Deutschen immer noch das Fernsehen. An zweiter Stelle steht Radio hören, gefolgt von Telefonieren.

Allerdings wird das Fernsehen immer mehr eine Nebenbeschäftigung: Meistens läuft der Fernseher im Hintergrund, wenn die Leute mit anderen Dingen beschäftigt sind.

Im Allgemeinen erhöht sich der Medienkonsum in der Freizeit: Computer, Internet und Handy werden in der Freizeit immer häufiger benutzt.

Unter Computernutzern gibt es jedoch Unterschiede nach Geschlecht, Bildungsniveau, Wohnort und Alter. Männer surfen öfter im Internet als Frauen, Westdeutsche öfter als Ostdeutsche und Städter häufiger als Landbewohner. Fast 75 Prozent der Menschen mit Abitur nutzen das Internet, aber nur ein Drittel der Bevölkerung mit Hauptschulabschluss. Ähnlich wie in anderen Ländern sind vier von fünf Deutschen unter 35 Jahren täglich online, während nur ein Viertel der über 55-Jährigen regelmäßig im Internet surfen.

Die Umfrage hat auch ergeben, dass die Deutschen immer weniger Freizeit außer Haus verbringen: Keine der beliebtesten 15 Freizeitbeschäftigungen findet explizit im Freien statt.

Sind die Deutschen mit ihren Freizeitbeschäftigungen zufrieden? Überraschenderweise nicht wirklich. Obwohl das Freizeitangebot immer größer wird, wächst auch der Wunsch nach einfachen Tätigkeiten ohne Technologie, die schon seit uralten Zeiten bekannt sind: Immer mehr Deutsche möchten sich in der Freizeit erholen, mit Freunden ausgehen und neue Kontakte knüpfen.

	richtig	falsch
♦ Die meisten Deutschen sehen in der Freizeit fern.	✓	☐
1. Laut der Umfrage steht das Internet an dritter Stelle.	☐	☐
2. Die Medien werden in der Freizeit immer häufiger benutzt.	☐	☐
3. Menschen mit höherem Bildungsniveau benutzen das Internet häufiger als Menschen mit niedrigerem Bildungniveau.	☐	☐
4. Freizeitbeschäftigungen in der Natur sind beliebter als Freizeitbeschäftigungen im Haus.	☐	☐
5. Trotz der vielen Freizeitmöglichkeiten sind die Deutschen mit ihrer Freizeitgestaltung nicht immer zufrieden.	☐	☐
6. Viele Menschen möchten ihre Freizeit mit anderen Menschen verbringen.	☐	☐

Werbung bis 1900

Lesen oder hören Sie den Text A3 (CD 1.16) noch einmal und ergänzen Sie dann die Wörter.

Historiker sind der Meinung, dass W..................g schon sehr alt ist. Geht man von der Definition aus, dass Werbung „alle Maßnahmen zur Absatzförderung" umfasst, gab es tatsächlich schon im alten Ä...............n vor 6.000 J...............n Werbung. Dazu zählen zum B...............l kommerzielle Werbetafeln aus S...............n, die man in den Ruinen von Pompeji gefunden hat, oder die Marktschreier, die früher von Markt zu Markt zogen und laut ihre P...............e zum Verkauf anboten.

Die m...............e Werbung begann aber erst im 17. Jahrhundert mit der Geburt der ersten T...................g 1650 in Leipzig. Endlich gab es ein passendes M...............m zur Verbreitung der Werbung. Neben der Werbung in Z...............n entstanden schnell spezielle Werbezeitungen, in die Händler gegen Bezahlung ihre W...............n eintragen konnten. Diese Werbezeitungen standen unter staatlicher K...............e und der Staat verdiente bei jeder A...............e mit. Um noch mehr Geld zu verdienen, hat König Friedrich Wilhelm I. die Werbung in Tageszeitungen sogar ganz verboten. Erst 1850 nach der Einführung der P...............t durften Tageszeitungen wieder Werbeanzeigen drucken.

In der zweiten H...............e des 19. Jahrhunderts veränderte sich die Werbung. Am Anfang hatten die Anzeigen mehr den Charakter von Produktbeschreibungen, ab 1870 w...............n sie immer fantasievoller. Die Werbung begann, sich an spezielle soziale Schichten zu r...............n. Heute nennt man das Zielgruppenwerbung. Es entstand der erste Boom in der W...................e. Der Anzeigenteil nahm in den Zeitungen immer mehr Platz ein, der Anteil aktueller Berichte oder N...............n wurde immer kleiner. Gegen 1900 bestanden in einigen Großstädten die Zeitungen bis zu 80 Prozent aus Werbung.

Um die Jahrhundertwende starteten Unternehmen wie *Maggi* oder *Nivea* große W...................n, um ihre Produkte als Marken zu etablieren. Aus diesen frühen Werbeaktionen der Industrie e...................n berühmte Markennamen, die noch heute oft mit Produktnamen gleichgesetzt werden (Nivea = Hautcreme, Maggi = Suppenwürze). In dieser Z...................t versuchten die Firmen erstmals, Wünsche bei den Konsumenten zu wecken. Die Werbung stellte nicht nur das Produkt in schönen Bildern dar, s.............n sie wollte den Konsumenten auch davon überzeugen, dass er das Produkt unbedingt braucht. Eine weitere E...................g dieser Zeit war die Etablierung von Scheinwelten. Das Produkt wurde mit T...................n und Wünschen v...................n, die beim Kauf in Erfüllung gehen. Die Werbung begann, mit den Träumen der Menschen zu s.............n.

Verbesserungsvorschläge

Wählen Sie einen der folgenden Gegenstände aus. Überlegen Sie sich, wie Sie diesen Gegenstand verbessern könnten.

der Bleistift

die Lampe

der Fotoapparat

die Brille

- ☐ Ich fände es gut, wenn es einen Bleistift geben würde,
  … mit dem man … *(gute Geschichten/fantastische Liebesbriefe)* schreiben kann.
  … der … *(die Deutschhausaufgaben)* für mich schreibt.

- ☐ Man könnte den Bleistift … *(vorprogrammieren)*

- ☐ Der Bleistift würde … *(300 Euro)* kosten.

- ☐ Mit einem normalen Bleistift kann man nur schreiben.
  Mit diesem Bleistift kann man jedoch/aber … *(auch Fotos machen)*

Arbeitsblatt 3: Karten zum Ausschneiden

Gegenstände

Karte 1 | Karte 2 | Karte 3 | Karte 4
Karte 5 | Karte 6 | Karte 7 | Karte 8
Karte 9 | Karte 10 | Karte 11 | Karte 12
Karte 13 | Karte 14 | Karte 15 | Karte 16

Produktpräsentation

Karte 1

Sie sind ein Freund des Referenten.

Karte 2

Sie sind ein großer Optimist.

Karte 3

Sie kritisieren gerne.

Karte 4

Sie wollen, dass die Sitzung endlich mal zu Ende ist.

Karte 5

Sie sind der Moderator des Gesprächs.

Karte 6

Sie wollen immer alles ganz genau wissen.

Karte 7

Sie suchen in der Debatte nach einem Kompromiss.

Karte 8

Sie glauben nicht, dass das Produkt Erfolg haben wird.

Einen Kühlschrank kaufen

Ergänzen Sie die Artikel- und Adjektivendungen, wenn nötig.

♦ Gut......... Tag, kann ich etwas für Sie tun?

◇ Ja, ich brauche ein......... neu......... Kühlschrank, mein......... alt......... Kühlschrank ist kaputt.

♦ Kommen Sie bitte mit, ich kann Ihnen ein paar unser......... neu......... Modelle zeigen. Soll es ein......... Kühlschrank mit ein......... Gefrierfach sein oder ein......... Kombination mit zwei getrennten Teilen, einem Kühlteil und einem Gefrierteil?

◇ Nein, ich möchte einen Kühlschrank mit ein......... eingebaut......... Gefrierfach.

♦ Dann empfehle ich Ihnen dies......... Modell – das AX 1000 von d......... Firma Friso. Es ist d......... allerneust......... Modell, wie Sie sehen in ein......... topmodern......... Design in hochaktuell......... Farben, rosa, orange, hellgrün und lila.

◇ Also rosa und lila, das finde ich sehr seltsam für einen Kühlschrank. Hellgrün gefällt mir, das passt gut zu d......... ander......... Küchenmöbeln. Aber d......... Gefrierfach scheint mir doch etwas klein zu sein.

♦ Wir haben auch noch ein......... Modell mit ein......... größer......... Gefrierfach, das Modell AX 2000. In dies......... Gefrierfach können Sie 11 kg Ware einfrieren und hier, rechts, haben Sie ein......... Knopf, sehen Sie den?

◇ Ja.

♦ Wenn Sie dies......... Knopf drücken, können Sie Ihr......... Waren doppelt so schnell einfrieren. Das ist d......... Super-Gefrierknopf. Hier daneben ist gleich d......... Temperaturregler, damit können Sie d......... Temperatur ganz exakt einstellen. D......... Glasplatten hier – das ist natürlich Sicherheitsglas, die können also nicht kaputtgehen. Und, was ganz besonders ist – wenn Sie einmal kein......... Strom mehr haben, dann kann d......... Kühlschrank d......... Ware noch 18 Stunden lang kühl halten. Ach ja, auf d......... Beleuchtung möchte ich Sie noch aufmerksam machen, sie ist auch ausgezeichnet, ganz hell.

◇ Das klingt wunderbar. Was kostet d......... Kühlschrank?

♦ D......... Kühlschrank kostet normalerweise 802 Euro. Bei uns bekommen Sie ihn für 769 Euro. Ist das nicht ein......... toll......... Angebot?

◇ Wie ist es mit d......... Garantie?

♦ Sie haben zwei Jahre Garantie.

◇ Gut, dies......... Kühlschrank nehme ich. Wann können Sie d......... Kühlschrank liefern?

♦ In ein......... Woche.

◇ Das ist dann nächste Woche Freitag.

♦ Ja, wir kommen nächste Woche Freitag, wahrscheinlich am Nachmittag.

Über etwas berichten

Berichten Sie über einen Gegenstand, …

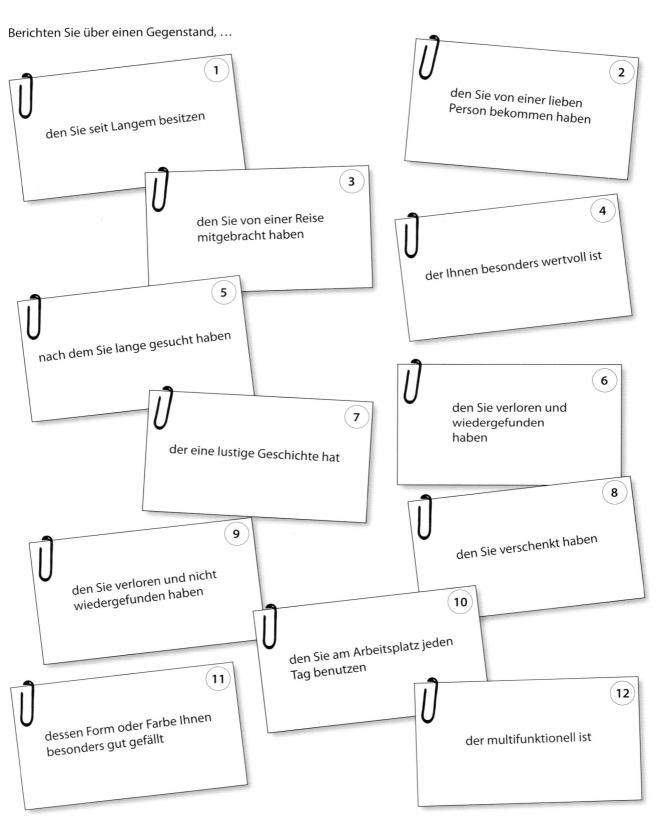

1 den Sie seit Langem besitzen

2 den Sie von einer lieben Person bekommen haben

3 den Sie von einer Reise mitgebracht haben

4 der Ihnen besonders wertvoll ist

5 nach dem Sie lange gesucht haben

7 der eine lustige Geschichte hat

6 den Sie verloren und wiedergefunden haben

9 den Sie verloren und nicht wiedergefunden haben

8 den Sie verschenkt haben

10 den Sie am Arbeitsplatz jeden Tag benutzen

11 dessen Form oder Farbe Ihnen besonders gut gefällt

12 der multifunktionell ist

Arbeitsblatt 7a: Karten zum Ausschneiden

Activity [1]

Karte 1	Karte 2	Karte 3
die Gehaltserhöhung	der Werbespot	der Fahrkarten-kontrolleur

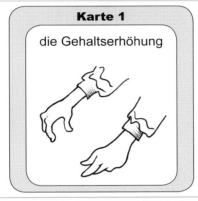 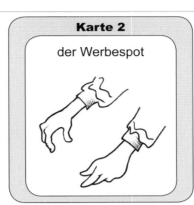 

Karte 4	Karte 5	Karte 6
der Sicherheitsgurt	die Fachzeitschrift	die Briefmarken *(Pl.)*

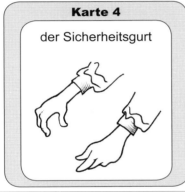  

Karte 7	Karte 8	Karte 9
der Blumenstrauß	eine Tasse heißer Tee	schönes Wetter

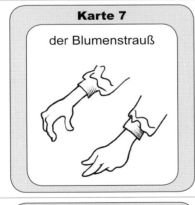  

Karte 10	Karte 11	Karte 12
die Zufriedenheit	der Ratgeber	die Entspannungs-übung

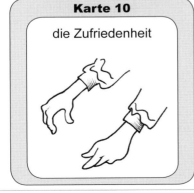  

Arbeitsblatt 7b: Karten zum Ausschneiden

Activity [2]

Karte 13

der Terminplaner

Karte 14

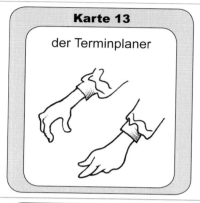

ein vierblättriges Kleeblatt

Karte 15

die Kaffeemaschine

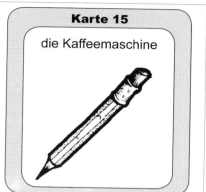

Karte 16

die Kopfschmerz-tablette

Karte 17

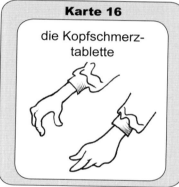

die Autobahnpolizei

Karte 18

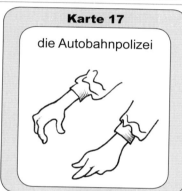

öffentliche Verkehrs-mittel

Karte 19

der Zigarettenverkäufer

Karte 20

der Rückspiegel

Karte 21

der Fahrradweg

Karte 22

die Verkehrsampel

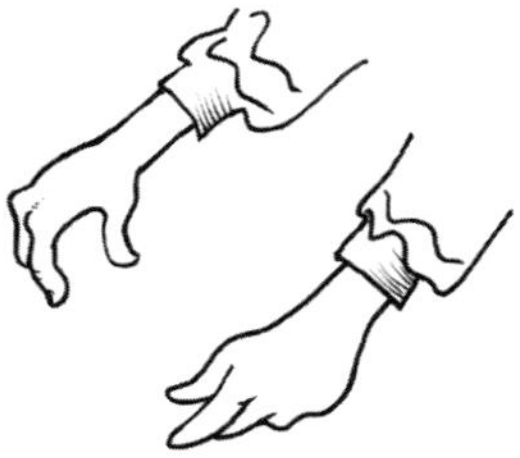

Karte 23

die Meeresküste

Karte 24

das Känguru

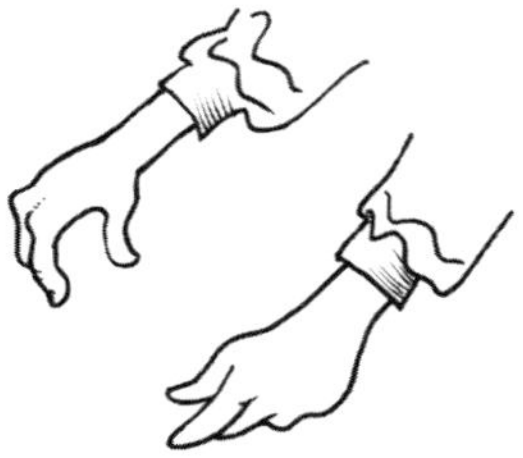

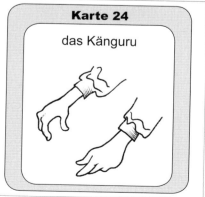

Grammatik- und Wortschatztraining

1. Bilden Sie Partizipien und ordnen Sie passende Nomen zu.

> E-Mail ◆ Fleisch ◆ neuer Mitarbeiter ◆ Rechnung ◆ Freund ◆ Computer ◆ Hemd ◆ Drucker ◆ Essen ◆ Besuch ◆
> Papier ◆ Zwiebeln ◆ Waschmaschine ◆ Bücher ◆ Kleider ◆ Brief ◆ Telefon ◆ Maus ◆ Produkt ◆ Fahrrad ◆ Gäste ◆
> Ausflug ◆ Äpfel ◆ …

   1. installieren: *der installierte Computer,* ....

   2. schneiden: ....

   3. anschließen: ....

   4. bezahlen: ....

   5. schreiben: ....

   6. vorstellen: ....

   7. verkaufen: ....

   8. einladen: ....

   9. reparieren: ....

  10. absagen: ....

2. Bilden Sie Relativsätze.

   1. Ein eingebauter Motor ist *ein Motor, der ins Gerät eingebaut wurde.*

   2. Ein singendes Mädchen ist *ein Mädchen,* ....

   3. Der neu eingestellte Mitarbeiter ist *der Mitarbeiter,* ....

   4. Die im September abgelegte Prüfung ist *die* ...., ...

   5. Die einfahrende U-Bahn ist ...., ...

   6. Vor dem Geschäft wartende Menschen sind ...., ...

   7. Ein abgesagter Firmenbesuch ist ...., ...

   8. Ein gut vorbereiteter Schüler ist ...., ...

   9. Ein zu spät vereinbarter Termin ist ...., ...

  10. Das landende Flugzeug ist ...., ...

Wiederholungstest

1. Ergänzen Sie die Relativpronomen, falls erforderlich mit Präposition.

   ◆ Ich kaufe mir keine Schuhe, *die* mehr als 80 Euro kosten.

   1. Das ist ein Fernseher, ... ganz preiswert ist.
   2. Das ist das neue Computerspiel, ... ich dir erzählt habe.
   3. Kennen Sie schon unsere hochmoderne Waschmaschine, ... Sie viel Energie sparen können?
   4. Das ist die Werbung, ... ich mich immer aufrege.
   5. Ich habe einen Vortrag gehört, ... ich sehr interessant fand.
   6. Ich habe das Kleid gekauft, ... ich geträumt habe.
   7. Der Kollege, ... Tochter meine Freundin ist, wohnt hier.
   8. Wir haben den österreichischen Film gesehen, ... im Oktober einen wichtigen Preis gewonnen hat.

   .... /12 Punkte

2. Finden Sie ein passendes Verb zu jedem Nomen. Geben Sie auch die Vergangenheitsformen an. Benutzen Sie jedes Verb nur einmal.

   ◆ ein Auto *verkaufen, er verkaufte, er hat verkauft*

   1. ein Computerprogramm ...., ..., ...
   2. Geld ...., ..., ...
   3. ein Produkt ...., ..., ...
   4. Wünsche bei den Konsumenten ...., ..., ...
   5. sich über eine Lieferung ...., ..., ...

   .... /10 Punkte

3. Ergänzen Sie die Artikel- und Adjektivendungen, falls erforderlich.

   1. Werbung stellt die Produkte in schön......... Bildern dar.
   2. Deshalb denken viele Leute, dass Werbung pur......... Manipulation ist.
   3. Werbung kann uns über d......... neuest......... Produkte informieren.
   4. Die Unternehmen führen Werbekampagnen, wenn sie ein......... neu......... Produkt auf den Markt bringen.
   5. D......... modern......... Werbung begann im 17. Jahrhundert mit der Geburt d......... erst......... Tageszeitung in Leipzig.
   6. D......... klassisch......... Werbeblock unterbricht d......... laufend......... Sendung minutenlang.
   7. Viele Werbespots haben ein......... schnell......... Tempo.
   8. Die Werbung spielt mit den Träumen d......... Menschen.

   .... /10 Punkte

4. Vergleichen Sie.

   1. Berlin ist .... als Köln. *(groß)*

   2. Unsere Wohnung ist .... als die Wohnung unserer Nachbarn. *(hell)*

   3. Ich habe .... Bücher als du. *(viel)*

   4. Kannst du auch so .... kochen wie deine Tante? *(gut)*

   5. Meine Freundin ist .... als ich. *(jung)*

   6. Dein Koffer ist nicht so .... wie meiner. *(schwer)*

   7. Diese Waschmaschine ist so .... wie ein Auto! *(teuer)*

   8. Den Film von gestern fand ich .... als diesen Film. *(interessant)*

   .... /8 Punkte

5. Bilden Sie Partizipien wie im Beispiel. Achten Sie auf die Endungen.

   ◆ das *angeschlossene* Kabel *(anschließen)*

   1. der .... Text *(übersetzen)*

   2. die .... Bücher *(lesen)*

   3. das .... Essen *(zubereiten)*

   4. die .... Unterlagen *(kopieren)*

   5. der .... Brief *(vergessen)*

   .... /5 Punkte

   Insgesamt: .... /45 Punkte

Prüfungsvorbereitung „Zertifikat B1"

Lesen, Teil 4

In einem Internetforum lesen Sie acht Beiträge zur Diskussion „Werbung: gut oder schlecht?"
Lesen Sie die Texte. Findet die jeweilige Person Werbung gut oder nicht? Markieren Sie.

Werbung: gut oder schlecht?		
Sandra, Bad Schwartau, 34 Jahre	Jede Werbung vermittelt ein „Image". Der Kunde kauft das Produkt nicht, weil es so gut ist, sondern weil die Werbung ihm so gut gefällt. Das hat nichts mit der Qualität des Produkts zu tun. Deshalb sage ich, dass Werbung nur für den Verkäufer gut ist, aber nicht für den Verbraucher.	☐ ja ☐ nein
Karl, Berlin, 42 Jahre	In einer Werbung (z. B. in den Werbeprospekten von Läden) bekommt man viele nützliche Informationen über neue Produkte oder über neue Eigenschaften von Produkten. Man bekommt auch Trends mit und erfährt etwas über Dinge, mit denen man sich vorher nicht beschäftigt hat. Man kann Preise vergleichen und Sonderangebote nutzen.	☐ ja ☐ nein
Dagmar, Frankfurt an der Oder, 25 Jahre	Werbung müsste man verbieten! Man wird manipuliert, Wünsche werden geweckt, man kauft Dinge, die man gar nicht braucht. Außerdem wirft man sehr viel Papier weg (Werbezeitungen, Broschüren usw.). Ich fühle mich durch ungefragte Werbung belästigt. Ich kann mir sogar vorstellen, dass ältere Menschen mit so viel Information überhaupt nichts anfangen können und sich überfordert fühlen.	☐ ja ☐ nein
Niko, Böblingen, 36 Jahre	Wir dürfen nicht vergessen, dass ein Teil der Medien durch Werbung finanziert wird. Viele kostenlose Fernseh- und Radiosender könnten gar nicht existieren, wenn es keine Werbung mehr gäbe. Dasselbe gilt für Internetseiten. Außerdem wüsste man ohne Werbung nicht, was es für verschiedene Produkte gibt und welche Vorteile sie bieten.	☐ ja ☐ nein
Xaver, Erlangen, 23 Jahre	Also, mich nervt, wenn ein Film ständig durch irgendwelche Werbung unterbrochen wird. Ich kann den Film so nicht genießen. Werbung dauert oft minutenlang und mich interessiert überhaupt nicht, welche Vorteile die neuste Zahnpasta hat. Ich will einfach wissen, wer der Mörder ist oder wie der Liebesfilm endet, ohne mir eine halbe Stunde lang Werbung anschauen zu müssen.	☐ ja ☐ nein
Linda, Bochum, 45 Jahre	Wenn Werbung innovativ und unkonventionell ist, finde ich sie in Ordnung. Ich glaube nicht, dass mein Konsumverhalten durch Werbung beeinflusst wird. Wenn Werbung gut gemacht ist, finde ich sie lustig. Wenn sie schlecht gemacht ist, finde ich sie langweilig. Was ich kaufe, entscheide ich.	☐ ja ☐ nein
Andreas, Münster, 55 Jahre	Dank verschiedener Fernsehwerbung habe ich in meinem Leben schon sehr viel Zeit eingespart. Wenn ich daran denke, dass ich jeden Tag Stunden mit dem Lesen von Kundenrezensionen oder vor den Regalen im Supermarkt verbringen müsste, um das beste Produkt zu finden, sehe ich sofort ein, wie viele Vorteile Werbung hat. Ehrlich gesagt, glaube ich nicht, dass es zwischen den Produkten so große Unterschiede gibt, aber die Werbung erleichtert mir persönlich die Wahl.	☐ ja ☐ nein
Erika, Würzburg, 28 Jahre	Natürlich weckt die Werbung Wünsche, das ist schließlich Zweck des Ganzen. Die Hersteller geben jährlich mehr als 20 Milliarden Euro aus, damit wir glauben, dass ihre Produkte die besten auf der ganzen Welt sind. Das ist nicht immer ganz ehrlich. Es gibt jedoch auch viel Werbung für gute Zwecke, wie zum Beispiel für grüne Energie oder Tierschutzorganisationen. Ohne Werbung würden wir über solche Initiativen gar nichts erfahren. Für mich überwiegen die Vorteile gegenüber eventuellen Nachteilen bei Weitem.	☐ ja ☐ nein

Wie landet das Wort im Kopf?

Hören Sie den Text A5 (CD 2.02) und ergänzen Sie die fehlenden Wörter.

Jede neue .... muss eine weite Reise machen, bis sie endgültig in unserem Langzeitgedächtnis landet. Beim ersten Lesen oder Vorlesen kreisen die neuen Vokabeln im .... Normalerweise würden sie von dort ganz schnell wieder verschwinden. Wenn sie jedoch mit besonderer Energie in Form von Aufmerksamkeit und Konzentration .... werden, gelangen sie ins Kurzzeitgedächtnis. Dort haben die neuen Wörter eine Lebenszeit von ca. 20 Minuten. .... dieser Zeit sollte man die wichtigsten Wörter wiederholen, sonst werden sie .... Der Weg vom Kurzzeitgedächtnis zum Langzeitgedächtnis dauert sechs Stunden. Das funktioniert so, ... ob das Gehirn die Speichertaste drückt und eine Datei wie beim PC auf der .... speichert, erklärt der Psychologe Matthiew Walker von der Harvard Medical School in Boston. Doch auch wenn die neuen Wörter in den Langzeitspeicher aufgenommen worden sind, ... sie sich dort nicht ausruhen. Sie müssen in bestimmten, individuell verschiedenen Zeitabständen wiederholt werden. .... versinken sie im passiven Speicher des Langzeitgedächtnisses, also im passiven Wortschatz. Das klingt ein bisschen kompliziert, doch der Mensch kann auf diese Weise bis zu 200 neue Wörter .... Tag ins Langzeitgedächtnis aufnehmen. Die beschriebenen Stationen .... aber deutlich, warum es eine gewisse Zeit dauert, bis man eine neue Sprache perfekt ....

Wie die Speicherung der Wörter und ihre Vernetzung mit anderen Wörtern am besten funktioniert, dafür gibt es keine .... Empfehlungen. Denn jedes Gehirn ist .... , jeder muss die für ihn effektivste Lernmethode selbst herausfinden. Hilfreich ist dabei zu erkennen, zu welchem Lerntyp man gehört: Der .... Typ kann sich neue Wörter am .... einprägen, wenn er sie erst einmal geschrieben sieht, also liest, der *haptische* Lerner muss die Wörter selbst .... Der *auditive* Typ möchte sie lieber hören. Wer an die neue Sprache analytisch .... und nach grammatikalischen .... sucht, ist ein *kognitiver* Lerntyp, der unbedingt ein systematisches Lehrbuch braucht. Außerdem gibt .... noch den *imitativen* Typ, der am leichtesten durch Hören und Nachsprechen lernt.

allgemeinen ◆ am ◆ Festplatte ◆ herangeht ◆ Innerhalb ◆ können ◆ machen ◆ Ultrakurzzeitgedächtnis ◆ verstärkt ◆ Vokabel ◆ als ◆ Andernfalls ◆ anders ◆ beherrscht ◆ es ◆ gelöscht ◆ Regeln ◆ schreiben ◆ visuelle ◆ besten

Fragen über das Sprachenlernen

1 Wie gut möchten Sie Deutsch können? Was möchten Sie unbedingt lernen? Wie möchten Sie es lernen?

2 Vergleichen Sie sich beim Deutschlernen oft mit anderen Kursteilnehmern?

3 Haben Sie ein „sprachliches Vorbild" (eine Person, die besonders gut Deutsch spricht)? Wie oft vergleichen Sie sich mit dieser Person?

4 Haben Sie sich die gleichen Erwartungen gestellt, als Sie eine andere Sprache gelernt haben?

5 Haben Sie jetzt die gleichen Ziele wie damals, als Sie mit dem Deutschlernen angefangen haben?

6 Entspricht Ihr wirkliches Lerntempo dem Tempo, mit dem Sie Fortschritte machen möchten?

7 Wie schätzen Sie Ihre Deutschkenntnisse auf einer Skala von 0 bis 10 ein? Meinen Sie, dass die Menschen in Ihrer Umgebung (Familienmitglieder, Kollegen, muttersprachliche Freunde) mit dieser Einschätzung einverstanden wären?

8 Können Sie immer gleich gut Deutsch (z. B. in stressigen Situationen, vor oder nach einem Glas Wein usw.)?

9 Kennen Sie Menschen, die Ihre Muttersprache als Fremdsprache sprechen? Was fällt Ihnen zuerst auf, wenn Sie diese Menschen sprechen hören? Bemerken Sie ihren Akzent, die Fehler, die sie machen, oder haben Sie Respekt vor ihnen, weil sie Ihre Sprache lernen/gelernt haben?

10 Möchten Sie einmal Ihre Muttersprache unterrichten? Warum (nicht)?

Lernerfahrungen

Karte 1

mein schlechtester Sprachlehrer/
meine schlechteste Sprachlehrerin

Karte 2

meine schwierigste/
schlimmste Prüfung

Karte 3

der beste Sprachkurs meines
Lebens

Karte 4

eine positive Lernerfahrung

Karte 5

eine negative Lernerfahrung

Karte 6

der schlechteste
Sprachkurs meines Lebens

Karte 7

meine beste Prüfung

Karte 8

mein Lieblingssprachlehrer/
meine Lieblingssprachlehrerin

Was nehmen Sie mit? [A] (Substantive)

Karte 1	Karte 2	Karte 3	Karte 4
Tür	Katze	Rasierapparat	Goldfisch

Karte 5	Karte 6	Karte 7	Karte 8
Mikrowelle	Tante	Topf	Musikzeitschrift

Karte 9	Karte 10	Karte 11	Karte 12
Möbel	Taschenlampe	Fernbedienung	Pass

Karte 13	Karte 14	Karte 15	Karte 16
Sportschuhe	Kaffeetasse	Blumen	Torhüter

Was nehmen Sie mit? [B] (Adjektive und Partizipien)

Karte 1	Karte 2	Karte 3	Karte 4
energiesparend	singend	kreativ	sportlich

Karte 5	Karte 6	Karte 7	Karte 8
sprechend	hochmodern	kaputt	preiswert

Karte 9	Karte 10	Karte 11	Karte 12
ordnungs-liebend	risikofreudig	einsam	korrupt

Karte 13	Karte 14	Karte 15	Karte 16
vorsichtig	vor einer Woche gekauft	langweilig	teuer

Lebenslanges Lernen [A]

1. Welches Verb passt zum Nomen? Ihre Nachbarin/Ihr Nachbar hat dazu eine Liste. Ordnen Sie gemeinsam zu.

    1. den Studiogast ....

    2. (keine) Bedeutung ....

    3. eine große Rolle ....

    4. sich auf dem Arbeitsmarkt ....

    5. neue technische Entwicklungen ins Programm ....

    6. sich auf dem Auslandsmarkt ....

    7. Verantwortung ....

    8. ein Buch über Führungskompetenzen ....

    9. sich Informationen aus dem Internet ....

    10. gute Bedingungen für die Bildung ....

2. Zu welchem Ausdruck Ihrer Nachbarin/Ihres Nachbarn passen diese Verben?
   Helfen Sie ihr/ihm bei der Zuordnung. Notieren Sie sich auch die Ausdrücke.

    annehmen ◆ bekämpfen ◆ dazulernen ◆ erweitern ◆ finden ◆ führen ◆ informieren ◆ machen ◆ orientieren ◆ umgehen

    1. ....

    2. ....

    3. ....

    4. ....

    5. ....

    6. ....

    7. ....

    8. ....

    9. ....

    10. ....

Lebenslanges Lernen [B]

1. Zu welchem Ausdruck Ihrer Nachbarin/Ihres Nachbarn passen diese Verben?
   Helfen Sie ihr/ihm bei der Zuordnung. Notieren Sie sich auch die Ausdrücke.

   > aufnehmen ◆ ausbreiten ◆ begrüßen ◆ durchsetzen ◆ haben ◆ herunterladen ◆ lesen ◆ schaffen ◆ spielen ◆ übernehmen

   1. ....
   2. ....
   3. ....
   4. ....
   5. ....
   6. ....
   7. ....
   8. ....
   9. ....
   10. ....

2. Welches Verb passt zum Nomen? Ihre Nachbarin/Ihr Nachbar hat dazu eine Liste. Ordnen Sie gemeinsam zu.

   1. die Arbeitslosigkeit ....
   2. Arbeitslosen ein Angebot ....
   3. Mitarbeiter ....
   4. eine neue Stelle ....
   5. immer etwas Neues ....
   6. sich an der Entwicklung der Technologie ....
   7. seine Deutschkenntnisse ....
   8. mit dem Computer .... können
   9. sich über das Weiterbildungsangebot ....
   10. eine Arbeitsstelle ....

Begegnungen B1⁺

Was kann man …?

1. Ordnen Sie den Verben die passenden Nomen zu.

> Gitarre ♦ Briefmarken ♦ Kreativität ♦ Zielgruppe ♦ Führungskompetenzen ♦ Daten ♦ Kunden ♦ Erfahrungen ♦ Wörter ♦ Fremdsprachen ♦ Tipps ♦ eine wichtige Rolle ♦ ein fremdes Land ♦ Sitzung ♦ Schach ♦ Ziel ♦ Fußball ♦ Fortbildung ♦ Tante ♦ Sprachkurs ♦ etwas Neues ♦ Stress ♦ Intelligenzquotient ♦ Denkvermögen ♦ Gehalt ♦ gute Resultate

lernen *Führungskompetenzen, …*	**sammeln**
teilnehmen	**finden**
erhöhen	**besuchen**
spielen	**erreichen**

2. Wählen Sie einen Ausdruck aus, der eine Fähigkeit beschreibt, und schreiben Sie fünf Tipps, wie man diese Fähigkeit entwickeln kann.

   ▢ So kann man Führungskompetenzen lernen./So kann man eine Sprache lernen:

      1. Machen Sie eine Liste über Ihre Stärken/positiven Eigenschaften und Ihre Schwächen/negativen Eigenschaften.

      2. Gehen Sie in eine Buchhandlung und kaufen Sie ein Buch über …

      3. ....

      4. ....

      5. ....

Lebensweisheiten [A]

Hier sehen Sie die Anfänge von elf Lebensweisheiten (Aphorismen). Ihre Nachbarin/Ihr Nachbar hat die Satzenden. Versuchen Sie, die Sätze zu rekonstruieren.

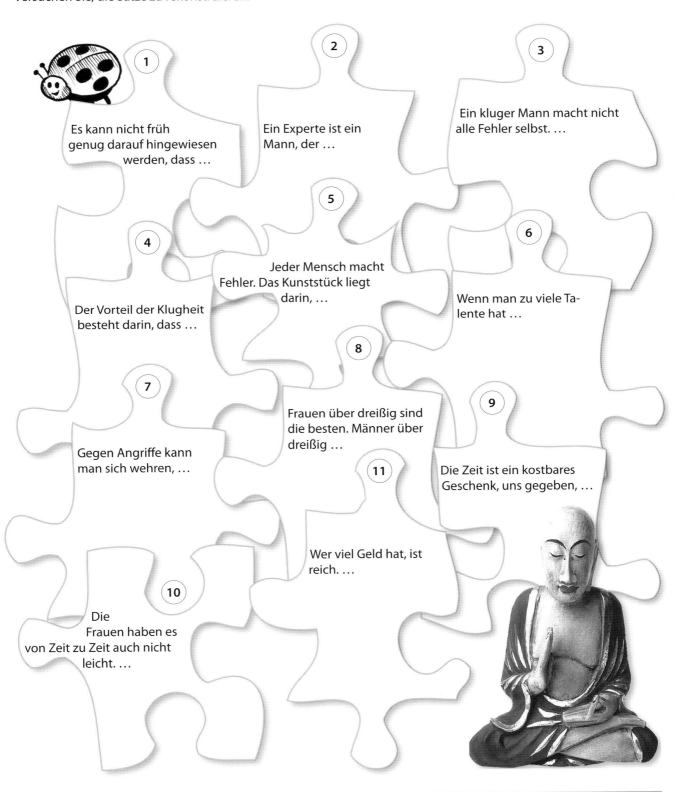

1 Es kann nicht früh genug darauf hingewiesen werden, dass …

2 Ein Experte ist ein Mann, der …

3 Ein kluger Mann macht nicht alle Fehler selbst. …

4 Der Vorteil der Klugheit besteht darin, dass …

5 Jeder Mensch macht Fehler. Das Kunststück liegt darin, …

6 Wenn man zu viele Talente hat …

7 Gegen Angriffe kann man sich wehren, …

8 Frauen über dreißig sind die besten. Männer über dreißig …

9 Die Zeit ist ein kostbares Geschenk, uns gegeben, …

11 Wer viel Geld hat, ist reich. …

10 Die Frauen haben es von Zeit zu Zeit auch nicht leicht. …

Lebensweisheiten [B]

Sie haben die Enden von elf Lebensweisheiten (Aphorismen). Ihre Nachbarin/Ihr Nachbar hat die Satzanfänge.
Versuchen Sie, die Sätze zu rekonstruieren.

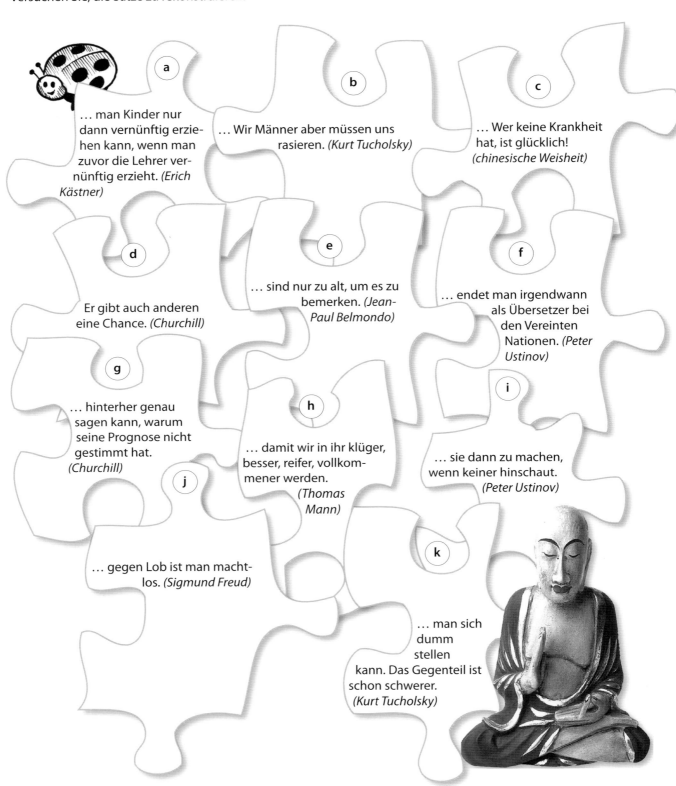

a … man Kinder nur dann vernünftig erziehen kann, wenn man zuvor die Lehrer vernünftig erzieht. *(Erich Kästner)*

b … Wir Männer aber müssen uns rasieren. *(Kurt Tucholsky)*

c … Wer keine Krankheit hat, ist glücklich! *(chinesische Weisheit)*

d Er gibt auch anderen eine Chance. *(Churchill)*

e … sind nur zu alt, um es zu bemerken. *(Jean-Paul Belmondo)*

f … endet man irgendwann als Übersetzer bei den Vereinten Nationen. *(Peter Ustinov)*

g … hinterher genau sagen kann, warum seine Prognose nicht gestimmt hat. *(Churchill)*

h … damit wir in ihr klüger, besser, reifer, vollkommener werden. *(Thomas Mann)*

i … sie dann zu machen, wenn keiner hinschaut. *(Peter Ustinov)*

j … gegen Lob ist man machtlos. *(Sigmund Freud)*

k … man sich dumm stellen kann. Das Gegenteil ist schon schwerer. *(Kurt Tucholsky)*

Grammatik- und Wortschatztraining

1. Ergänzen Sie die Nomen-Verb-Verbindungen.

Verb	Nomen-Verb-Verbindung
abschließen	etwas zum Abschluss ....
beantragen	einen Antrag ....
beenden	etwas zu Ende .... / ....
sich entscheiden	eine Entscheidung .... / zu einer Entscheidung ....
helfen	Hilfe ....
hoffen	Hoffnung ....
sich interessieren für + A	Interesse .... an + D
kritisieren	Kritik .... an + D
lösen	eine Lösung ....
etwas beruflich machen	einen Beruf ....
meinen	eine Meinung ....
etwas tun	Maßnahmen .... / ....
sprechen	ein Gespräch ....
sich verabschieden	Abschied ....
wichtig sein	eine wichtige Rolle ....
verantwortlich sein	Verantwortung .... / ....

2. Bilden Sie mit jedem Ausdruck einen Satz.

1. im Präsens
2. im Perfekt
3. im Konjunktiv II
4. im Präteritum
5. mit der Konjunktion *damit* oder *weil*
6. in der zweiten Person Imperativ *(du* oder *ihr)*
7. mit dem Anfang: *Es ist wichtig …*

Wiederholungstest

1. Schreiben Sie zwei passende Nomen zu jedem Verb.

    ◆ Das findet man in einem Klassenzimmer: *die Tafel, Schüler*

    1. Das kann man lernen: ...., ...

    2. Daran kann man teilnehmen: ...., ...

    3. Das kann man spielen: ...., ...

    4. Das/Diese Person kann man besuchen: ...., ...

    5. Das kann man erhöhen: ...., ...

    .... /10 Punkte

2. Wer tut was warum? Bilden Sie Sätze mit *damit* oder *um … zu*.

    1. Karin lernt im Liegen. Ihr Kopf wird besser durchblutet.

    ....

    2. Rudolf geht in die Buchhandlung. Er will sich ein Buch über Managementstrategien kaufen.

    ....

    3. Heute Abend bleibe ich zu Hause. Ich mache meine Deutschhausaufgaben.

    ....

    4. Sie sollten an dieser Fortbildung teilnehmen. Sie können sich über die neusten Lernmethoden informieren.

    ....

    5. Wir sprechen jetzt nicht mehr. Ihr könnt in aller Ruhe weiterarbeiten.

    ....

    .... /10 Punkte

3. Ergänzen Sie das passende Verb in der richtigen Form.

    bekommen (2 x) ◆ benoten ◆ bewerten ◆ ergeben ◆ liegen ◆ werden ◆ sein ◆ werden

    In einer deutschlandweiten Studie *wurde* ein und derselbe Aufsatz und ein und dieselbe Mathematikarbeit
    von mehr als tausend Lehrern .... Alle Lehrer .... die Arbeit und eine Information über
    den sozialen Hintergrund des Schülers. Das Ergebnis .... erstaunlich, die Noten ....
    zwischen Eins und Fünf! Die guten Noten .... die Söhne und Töchter von Anwälten und Ärzten, die
    schlechten Noten Kinder von Immigranten. Eine andere Studie ...., dass in der Grundschule Jungs
    generell schlechter .... als Mädchen.

    .... /8 Punkte

4. Ergänzen Sie *derselbe, dieselbe, dasselbe, dieselben* in der richtigen Form.

   1. Ich habe .... Deutschlehrer wie du.

   2. Ihr sprecht .... Sprachen wie ich.

   3. Steffi hat mit .... Jungen getanzt wie Carla.

   4. Willst du wieder .... T-Shirt anziehen wie gestern?

   5. Im Theater möchte ich auf .... Platz sitzen wie letztes Mal.

   6. Wir gehen immer mit .... Menschen aus.

   7. Er hat seit seiner Kindheit .... Interessen.

   .... /7 Punkte

5. Sagen Sie es mit einer Nomen-Verb-Verbindung.

   1. helfen: ....

   2. etwas abschließen: ....

   3. sich entscheiden: ....

   4. etwas (z. B. eine Aufgabe) lösen: ....

   5. verantwortlich sein: ....

   .... /10 Punkte

   Insgesamt: .... /45 Punkte

Prüfungsvorbereitung „Zertifikat B1"

Lesen, Teil 2

Lesen Sie den Text. Kreuzen Sie dann die richtigen Antworten an. Die Reihenfolge der einzelnen Aufgaben folgt nicht immer der Reihenfolge des Textes.

Andere Sprache – andere Persönlichkeit?

Wer sich in einer Fremdsprache unterhält, ist direkter. Nehmen wir das Beispiel eines deutschen Mädchens, das im Sommer einen Sprachkurs in London besuchen wird und bei einer englischen Bekannten übernachten möchte. Sie überlegt sich, ob sie der Bekannten eine E-Mail schicken oder sie doch lieber anrufen soll und entscheidet sich schließlich für den Anruf. Während des Telefongesprächs bemerkt sie, wie schnell sie zum Grund ihres Anrufs kommen muss. In ihrer Muttersprache würde sie das Gespräch bestimmt mit ein paar Höflichkeitsfloskeln beginnen, danach ein paar Minuten lang Smalltalk führen, bevor sie den Grund des Anrufs nennt. Wahrscheinlich hätte sie sogar versucht, das Gespräch so einzuleiten, dass die Bekannte die Übernachtungsmöglichkeit von sich aus anbietet. Ohne die nötigen sprachlichen Mittel muss sie jedoch innerhalb kürzester Zeit auf den Punkt kommen. Das liegt auch daran, dass man Fremdsprachen meistens nicht in dem Land selbst, sondern in der Schule lernt. Dort wird auf konkretes Sprechen mehr Wert gelegt als auf indirektes. Aber Smalltalk ist auch dann eine schwierige Aufgabe, wenn man im jeweiligen Land gelebt hat. Auch dann kommt man viel schneller auf Persönlicheres zu sprechen als in der Muttersprache. Obwohl das Gespräch auf diese Weise intensiver wird, scheint jedoch keine wirkliche Intensität zu entstehen. Denn dazu ist die anfängliche Phase des Drumherumredens und der Höflichkeitsfloskeln nötig. Vielleicht können intensive Beziehungen nur entstehen, wenn man zuerst Smalltalk führt.

Auch die Persönlichkeit erscheint anders, wenn man sich in einer Fremdsprache unterhält. Das liegt wohl daran, dass man oft sagt, was man sagen kann, und nicht, was man wirklich sagen möchte. Die Möglichkeit, neue Wörter zu erschaffen oder Wortspiele zu machen, ist auch sehr viel begrenzter als in der Muttersprache. Seine eigenen Worte zu finden und seine wahre, vielfältige Persönlichkeit zu vermitteln – das ist in einer Fremdsprache sehr schwierig. Aber das alte Sprichwort „Übung macht den Meister" gilt auch hier.

1. Das Mädchen ruft seine Bekannte an,
   a) ☐ um sie nach Deutschland einzuladen.
   b) ☐ um sie zu fragen, ob sie eine gute Sprachschule in London kennt.
   c) ☐ um sie zu fragen, ob sie bei ihr schlafen kann.

2. Beim Anrufen fällt ihr auf,
   a) ☐ dass sie auf Englisch keine Wortspiele machen kann.
   b) ☐ dass sie auf Englisch viel direkter ist als in ihrer Muttersprache.
   c) ☐ dass sie unbedingt einen Sprachkurs in Englisch machen muss.

3. Die meisten Menschen lernen eine Fremdsprache
   a) ☐ in der Schule.
   b) ☐ im jeweiligen Land.
   c) ☐ in einem Sprachkurs im jeweiligen Land.

4. In der ersten Phase einer intensiven Beziehung
   a) ☐ spricht man gleich über Persönliches.
   b) ☐ führt man meistens nur Smalltalk.
   c) ☐ sollte man viele Wortspiele machen.

5. Wenn man eine Fremdsprache spricht,
   a) ☐ ist es schwierig, Smalltalk zu führen.
   b) ☐ hat man nicht so viel zu erzählen wie in der Muttersprache.
   c) ☐ kann man oft nur einen Teil seiner Persönlichkeit zeigen.

Nach: *Jetzt*

Zusammengesetzte Wörter

Karte 1	Karte 2	Karte 3	Karte 4
die Haltestelle	die Verkehrsampel	der Fahrradweg	der Firmenwagen

Karte 5	Karte 6	Karte 7	Karte 8
der Fahrkarten-kontrolleur	die Straßenbahn	das Verkehrsmittel	die Autobahn

Karte 9	Karte 10	Karte 11	Karte 12
das Segelboot	die Tankstelle	der Sonntags-fahrer	die Staumeldung

Karte 13	Karte 14	Karte 15	Karte 16
der Sitzplatz	der Bahnhof	der Autofahrer	der Fahrkarten-schalter

Das war doch anders!

Hören Sie die Aussagen der Sprecher in A1 (CD 2.06) noch einmal. In jedem der folgenden Texte sind drei Textstellen anders als im Hörtext. Finden Sie die Fehler?

1 Also ich fahre jeden Tag mit dem Motorrad zur Arbeit und ärgere mich am meisten über rücksichtslose Autofahrer. Es gibt Autofahrer …, das glauben Sie gar nicht! Die sehen beim Rechtsabbiegen nicht in den Spiegel, ob da zum Beispiel ein Fahrradfahrer links an ihnen vorbeifahren will. Das ist denen ganz egal, die würden uns Fahrradfahrer glatt umfahren, wenn wir nicht selbst aufpassen würden. Aber ich habe noch einen zweiten Feind: das Wetter. Vor allem Schnee und Wind stören mich sehr. Und manchmal habe ich das Gefühl, dass der Wind immer von vorn kommt. Wenn ich früh zur Arbeit fahre, kommt er von vorn, wenn ich abends nach Hause fahre, auch.

2 Worüber ich mich ärgere? Na, das ist doch ganz klar, über den täglichen Stau natürlich. Ich wohne außerhalb der Stadt und muss jeden Morgen 35 km fahren, um ins Stadtzentrum zu kommen. Dafür brauche ich manchmal eine Stunde. Und abends wieder zurück, zur Hauptverkehrszeit, da ist es auch nicht besser. Ich frage mich, warum die Politiker nichts gegen das alltägliche Chaos auf den Autobahnen tun.

3 Ich ärgere mich jeden Tag aufs Neue über die öffentlichen Verkehrsmittel. Ich kann Ihnen sofort ein paar Sachen nennen, die mich wahnsinnig machen. Erstens: Die Fahrkarten werden immer teurer, jedes Jahr, manchmal sogar dreimal im Jahr, aber mein Gehalt wird nicht jedes Jahr erhöht. Zweitens: Die Straßenbahnen und U-Bahnen werden immer voller. Früh um 8.00 Uhr und abends um 17.00 Uhr bekommt man keinen Sitzplatz mehr. Dann stehen die Menschen fast übereinander! Drittens: Die Verkehrsmittel sind unpünktlich. Letztens habe ich sogar meinen Zug verpasst, weil der Bus zum Bahnhof 40 Minuten Verspätung hatte.

Die Berliner U-Bahn [A]

Haben Sie ein gutes Gedächtnis? Ergänzen Sie die fehlenden Wörter. Kontrollieren Sie Ihre Lösung mit Ihrer Nachbarin/Ihrem Nachbarn.

Spiegel der Stadt – die Berliner U-Bahn

Die Berliner .... ist mehr als nur ein Verkehrsmittel – sie ist ein Spiegel der Stadt. Doch in erster Linie dient sie den meisten Menschen dazu, schnell und ohne Stau zur .... zu kommen.

Mehr als 1,4 Millionen .... steigen jeden Tag auf einem der 170 Bahnhöfe in die Waggons ein. Auf den insgesamt fast 145 Kilometern Strecke wird dann Zeitung gelesen und morgens noch ein bisschen Schlaf nachgeholt. Am .... fahren acht der neun Linien im 15-Minuten-Takt rund um die ...., auch nachts.

Ende des .... Jahrhunderts begann man, nach Lösungen für die Verkehrsprobleme in Berlin zu suchen. Nachdem viele Ingenieure .... eingereicht hatten, wurde am 15. Februar 1902 die erste Strecke eingeweiht. Sie war gerade einmal sechs Kilometer lang und gar keine Untergrund-, ... eine Hochbahn. Kurze Zeit später fuhr die Bahn auf dem Weg zum *Zoologischen Garten* in den Untergrund. Die Idee zu diesem straßenunabhängigen, elektrisch betriebenen Verkehrsmittel .... von Werner von Siemens.

In den ersten Tagen waren die Wagen fast leer. Das lag wohl auch daran, dass die Fahrpreise besonders hoch waren. Im Jahr 1903 wurden mit der U-Bahn bereits rund 30 Millionen Fahrgäste befördert, die für einen .... zwischen 10 und 30 Pfennig zahlen mussten.

Wie Berlin selbst war auch die U-Bahn immer .... der Politik: Während des Zweiten Weltkrieges wurden große Teile des U-Bahnnetzes beschädigt oder zerstört. Die letzten Schäden .... erst 1951 beseitigt werden.

Die nächste Krise folgte mit dem Bau der Berliner .... 1961, die den Westvom Ostteil der Stadt trennte. Die .... 2 wurde dadurch ebenfalls in einen Westund einen Ostteil getrennt. Nach dem Fall der Mauer wurde das getrennte U-Bahnnetz wieder zusammengeschlossen, die Geisterbahnhöfe im Ostteil der Stadt wurden wiedereröffnet. Aus dem .... *Bernauer Straße* treten die Touristen heute auf der Suche nach echten Resten der Mauer direkt auf den ehemaligen Grenzstreifen.

Begegnungen B1⁺

Die Berliner U-Bahn [B]

Haben Sie ein gutes Gedächtnis? Ergänzen Sie die fehlenden Wörter. Kontrollieren Sie Ihre Lösung mit Ihrer Nachbarin/Ihrem Nachbarn.

Spiegel der Stadt – die Berliner U-Bahn

Die Berliner U-Bahn ist mehr als nur ein .... – sie ist ein Spiegel der Stadt. Doch in erster Linie dient sie den meisten Menschen dazu, schnell und ohne Stau zur Arbeit zu kommen.

Mehr als 1,4 Millionen Fahrgäste .... jeden Tag auf einem der 170 Bahnhöfe in die Waggons ein. Auf den insgesamt fast 145 Kilometern Strecke wird dann .... gelesen und morgens noch ein bisschen Schlaf nachgeholt. Am Wochenende fahren acht der neun Linien im 15-Minuten-Takt rund um die Uhr, auch ....

Ende des 19. Jahrhunderts begann man, nach .... für die Verkehrsprobleme in Berlin zu suchen. Nachdem viele .... Vorschläge eingereicht hatten, wurde am 15. .... 1902 die erste Strecke eingeweiht. Sie war gerade einmal .... Kilometer lang und gar keine Untergrund-, sondern eine Hochbahn. Kurze Zeit später fuhr die Bahn auf dem Weg zum *Zoologischen Garten* in den Untergrund. Die Idee zu diesem straßenunabhängigen, elektrisch betriebenen Verkehrsmittel stammte von Werner von ....

In den ersten .... waren die Wagen fast leer. Das lag wohl auch daran, dass die .... besonders hoch waren. Im Jahr 1903 wurden mit der U-Bahn bereits rund 30 Millionen Fahrgäste befördert, die für einen Fahrschein zwischen 10 und 30 Pfennig zahlen mussten.

Wie Berlin selbst war auch die U-Bahn immer Schauplatz der Politik: Während des Zweiten .... wurden große Teile des U-Bahnnetzes beschädigt oder zerstört. Die letzten Schäden konnten erst 1951 beseitigt werden.

Die nächste Krise folgte mit dem .... der Berliner Mauer 1961, die den Westvom Ostteil der Stadt trennte. Die U-Bahnlinie 2 wurde dadurch ebenfalls in einen Westund einen Ostteil getrennt. Nach dem .... der Mauer wurde das getrennte U-Bahnnetz wieder zusammengeschlossen, die Geisterbahnhöfe im Ostteil der Stadt wurden wiedereröffnet. Aus dem Bahnhof *Bernauer Straße* treten die .... heute auf der Suche nach echten Resten der Mauer direkt auf den ehemaligen Grenzstreifen.

Smileys

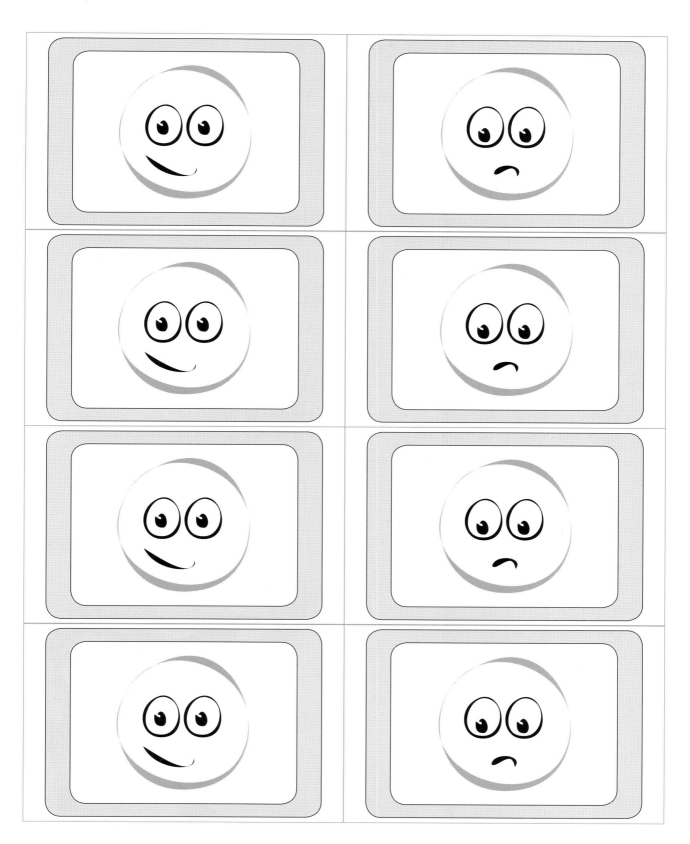

Wo fehlt das *h*?

Diesen Text kennen Sie schon aus A16. Hier ist allerdings ein paarmal der Buchstabe *h* verloren gegangen. Bitte korrigieren Sie den Text.

Ku auf der Autoban

„Und ier noch ein wichtiger inweis für Autofahrer …", so oder ähnlich beginnt der Verkersfunk seine Durchsagen. Doc er warnt die Autofahrer nicht immer nur vor Staus. Letzten Dienstag zum Beispiel wanderte eine Schildkröte auf der Autobahn A 3 Richtung Köln. Und das nette Tier ist nicht das einzige, was sich verlaufen at. Von und und Katze bis zu Waschbär und Känguru marschiert, in zeitlichen Abständen natürlich, ein ganzer Zoo über Deutschlands Schnellstraßen.

Im Bundesland Hessen warnt der Verkersfunk im Durchschnitt 18,2-mal am Tag die Autofahrer vor Gefaren, Tiere und Gegenstände auf der Farban geören dazu. Nach den Erfarungen der Radiosprecher ist Donnerstag der Tag, an dem die meisten Dinge verloren geen. Nicht selten ist die Ursache dafür schlecht gesicherte Ladung. Die Hitliste der gefundenen Güter füren Holz- und Stahlplat-

ten, Reifenteile und Verpackungsmaterial an. Aber auch Kühlschränke, Fernseher und Campingstüle wurden schon gefunden.

Jedes Jahr im Dezember fliegen zahlreiche Weihnachtsbäume von den Autodächern, im Sommer rollen leere Kinderwagen über den Aspalt. Die Autobanpolizei muss sich aber auch oft als Tierfänger betätigen und Schweine, Enten, Pferde oder Küe wieder einfangen.

450 Unfälle mit Tieren zählte die Statistik im letzten Jahr.

Doch nicht immer gibt es dabei ein appy End wie bei der Entenfamilie, die gestern die Autobahn überqueren wollte: Alle Küken konnten von der Polizei gerettet werden.

Wir planen eine Stadt

Entwerfen Sie den Plan für eine Stadt, in der die Einwohner sich wirklich wohlfühlen können.

1. Was für Gebäude gibt es hier und wo sollen sie stehen?

> Schule ♦ Universität ♦ Kindergarten ♦ Gerichtshof ♦ Krankenhaus ♦ Friedhof ♦ Schule ♦ Polizei ♦ Park ♦ Spielplatz ♦ Lebensmittelgeschäft ♦ Hotel ♦ Restaurant ♦ Bauernhöfe ♦ …

2. Welche Berufe braucht man unbedingt?

> Automechaniker ♦ Feuerwehrleute ♦ Bäcker ♦ Elektromonteure ♦ Fischer ♦ Bauern ♦ Müllarbeiter ♦ Musiker ♦ Psychologen ♦ Ärzte und Zahnärzte ♦ Beamte ♦ Priester und Pfarrer ♦ Politiker ♦ Lehrer ♦ Schauspieler ♦ Rechtsanwälte ♦ Schneider ♦ Soldaten ♦ Metzger ♦ Restaurantleiter ♦ …

3. Welche Verkehrsmittel gibt es in dieser Stadt?

Zeichnen Sie Ihren Plan hier:

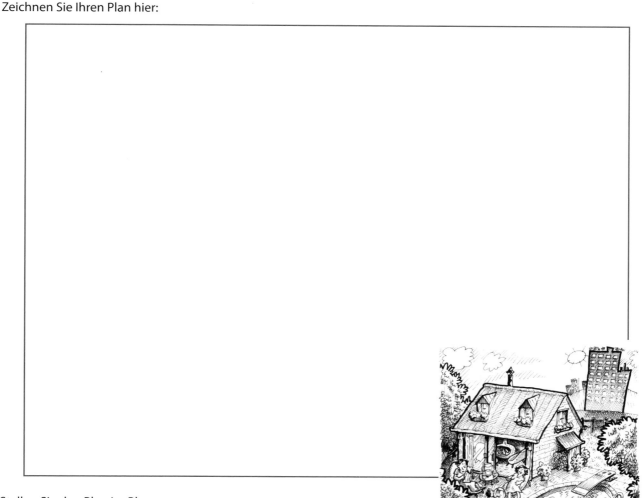

Stellen Sie den Plan im Plenum vor.

Idylle in ruhiger Lage

Ergänzen Sie die Präpositionen und, wo nötig, die Artikel.

Naturbelassener Strand, familiäre Atmosphäre, beheizbarer Swimmingpool – was im Urlaubskatalog .... dem sonnigen Bildchen des Hotels steht, verspricht .... den ersten Blick einen Traumurlaub. Doch wenn der Urlauber am Ziel seiner Träume ankommt, werden die Erwartungen oft nicht erfüllt. Um eine Enttäuschung zu vermeiden, sollte man die Beschreibungen .... Reisekatalog ganz genau lesen. Dort findet man versteckte Hinweise .... Dinge, die in Wirklichkeit gar nicht so schön sind. Jetzt gibt es eine Übersetzung der „Reisekatalogsprache", in der normale Menschen die wahre Bedeutung der Beschreibungen nachlesen können:

- Idylle .... ruhiger Lage: Die Unterkunft liegt weit weg .... Geschäften, Bushaltestellen und der gesamten touristischen Infrastruktur.

- Direkt .... Meer: Das Hotel liegt .... einer Steilküste oder am Hafen, nicht .... einem Badestrand.

- Zimmer an der Meerseite: Das bedeutet keinen Blick aufs Meer, sondern dass der Blick aufs Meer vermutlich .... andere Häuser versperrt ist.

- Naturbelassener Strand: Dahinter versteckt sich ein schmutziger, ungepflegter Strand mit Steinen, manchmal sogar Müll.

- Verkehrsgünstige Lage: Das Hotel liegt wahrscheinlich .... einer Hauptverkehrsstraße. Sie können mit Straßenlärm rund .... die Uhr rechnen.

- Direkt .... der Strandpromenade: Das klingt nach viel befahrener Küstenstraße.

- Mitten .... der Altstadt: Die Gäste sollten tagsüber schlafen, denn nachts ist es zu laut.

- Internationale Atmosphäre: Hier kann man befürchten, dass sich junge Leute aus aller Welt .... Alkohol lautstark amüsieren.

- Familiäre Atmosphäre: Es ist damit zu rechnen, dass Ihre Tischnachbarn das Abendessen .... Bikini oder Jogginghosen einnehmen.

- Zweckmäßig eingerichtete Zimmer: Das ist ein Hinweis .... eine Minimalausstattung .... Komfort.

Grammatik- und Wortschatztraining

1. Wohin fahren/gehen Sie am Wochenende? Beantworten Sie die Frage mit allen Wörtern.
   Achten Sie auf die Artikelendungen.

   > die Kanarischen Inseln ◆ Österreich ◆ meine Großeltern ◆ das Restaurant ◆ die Ostsee ◆ Asien ◆ die Schweiz ◆
   > die USA ◆ Schweden ◆ die Zugspitze ◆ der Rhein ◆ Hamburg ◆ das Kino ◆ die Kirche ◆ eine Freundin ◆ die
   > Küste ◆ ein Museum ◆ der Deutschunterricht ◆ Portugal ◆ eine schöne Insel ◆ mein Onkel ◆ der Strand ◆ das
   > Theater ◆ der Supermarkt ◆ Robert und Petra ◆ der Marktplatz

   Ich fahre/gehe

   nach *Österreich,* ....

   in ....

   an ....

   auf ....

   zu ....

2. Wo sind Sie gerade? Beantworten Sie die Frage mit den Wörtern aus Teil 1.

   Ich bin

   in ....

   an ....

   auf ....

   bei ....

3. Sammeln Sie möglichst viele passende Wörter.

   a) Wohin gehen Sie jeden Tag? (Kantine, Badezimmer, Freunde usw.)

   ....

   b) In welchen Gebäuden/Wo kann man arbeiten?

   ....

   c) In welche Länder würden Sie gerne reisen?

   ....

   d) Zu wem gehen Sie gerne/nicht gerne?

   ....

   e) Wo fühlen Sie sich wohl?

   ....

Begegnungen B1$^+$

Wiederholungstest

1. Bilden Sie zusammengesetzte Wörter. Nicht alle Vorgaben passen. Achten Sie auch auf den Artikel.

> -bahn ♦ -fahrer ♦ -funk ♦ -meldung ♦ -mittel ♦ -rad ♦ -schalter ♦ -schein ♦ -spiegel ♦ -stelle ♦ -weg

- ♦ der Fahrrad*weg*
- 1. die Auto...............
- 2. der Fahr...............

- 3. der Rück...............
- 4. der Fahrkarten...............
- 5. das Verkehrs...............

.... /5 Punkte

2. Ergänzen Sie die Ausdrücke mit einem Verb. Geben Sie auch die Vergangenheitsformen an.

- ♦ im Stau *stehen, er stand, er hat gestanden*
- 1. mit der Straßenbahn ...., ..., ...
- 2. eine Fahrkarte ...., ..., ...
- 3. die Verkehrsdurchsagen ...., ..., ...
- 4. die Fahrertür ...., ..., ...
- 5. die öffentlichen Verkehrsmittel ...., ..., ...

.... /10 Punkte

3. Bilden Sie Sätze mit *nachdem* und *bevor* in der Vergangenheit.

1. losfahren – in den Rückspiegel sehen

   Bevor ich...............

2. ein neues Fahrrad bekommen – nie wieder mit dem Auto zur Arbeit fahren

   Nachdem er...............

3. aus dem Urlaub zurückkommen – unsere Freunde anrufen

   Nachdem wir...............

4. eine Reise buchen – sich über die Angebote informieren

   Bevor meine Nichte...............

5. das Hotel verlassen – ihr Zimmer abschließen

   Bevor unsere Freunde...............

.... /10 Punkte

4. Bilden Sie Passivsätze in derselben Zeitform wie der Aktivsatz. Das unterstrichene Wort entfällt.

    1. <u>Ich</u> verstaue mein Gepäck im Kofferraum.

    ....

    2. <u>Ich</u> lege den Sicherheitsgurt an.

    ....

    3. <u>Ich</u> legte die Fahrprüfung ab.

    ....

    4. <u>Ich</u> habe den Blinker gesetzt.

    ....

    5. <u>Man</u> wechselt gerade den Reifen.

    ....

                                                             .... /10 Punkte

5. Wählen Sie die richtige Präposition aus.

    1. Ich ärgere mich .... Baustellen und Umleitungen.   um – für – über

    2. .... des Zweiten Weltkrieges wurden große Teile des   Trotz – Bei – Während
        U-Bahnnetzes beschädigt oder zerstört.

    3. Nach dem Fall der Mauer wurde das getrennte U-Bahnnetz
        wieder zusammengeschlossen, die Geisterbahnhöfe ....   am – im – um
        Ostteil der Stadt wurden wiedereröffnet.

    4. .... der Berliner U-Bahn sitzen morgens Männer im   An – In – Auf
        Anzug neben Bauarbeitern, Damen im Kostüm neben Frauen
        in Jogginghosen.

    5. .... Wochenende fahren acht der neun Linien im   Über – Am – Im
        15-Minuten-Takt rund .... die Uhr.   in – auf – um

    6. Die Idee .... diesem straßenunabhängigen, elektrisch   über – für – zu
        betriebenen Verkehrsmittel stammte übrigens ....   von – zu – durch
        Werner von Siemens.

    7. .... den ersten Tagen .... der Eröffnung   In – Bei – Zu
        der U-Bahn waren die Wagen fast leer.   vor – nach – bei

                                                               .... /10 Punkte

                                                Insgesamt: .... /45 Punkte

Prüfungsvorbereitung „Zertifikat B1"

Sprechen, Teil 1

Ihre Lerngruppe möchte Freitagnachmittag ein Picknick machen. Sie haben die Aufgabe, zusammen mit Ihrem Partner/Ihrer Partnerin den Ausflug zu organisieren. Überlegen Sie sich, was alles zu tun ist und wer welche Aufgaben übernimmt.
Sprechen Sie über die Punkte unten, machen Sie Vorschläge und reagieren Sie auf die Vorschläge Ihres Gesprächspartners/Ihrer Gesprächspartnerin. Planen und entscheiden Sie gemeinsam, was Sie tun möchten.

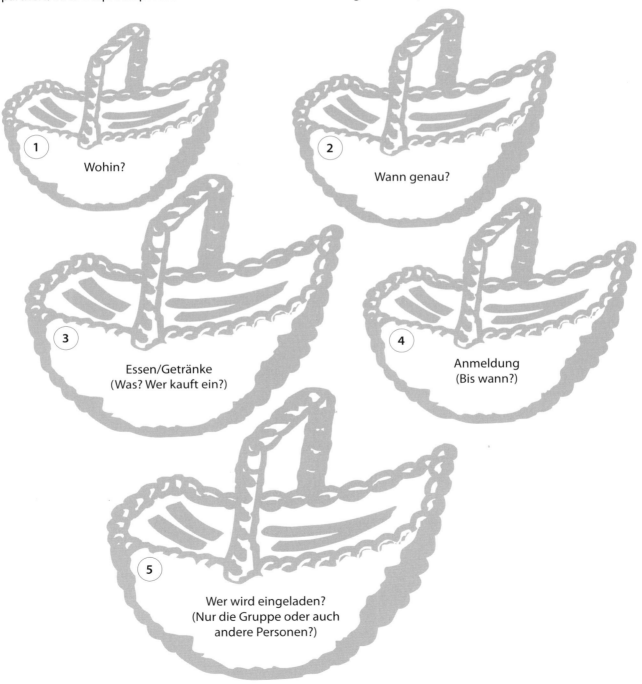

1 Wohin?

2 Wann genau?

3 Essen/Getränke
(Was? Wer kauft ein?)

4 Anmeldung
(Bis wann?)

5 Wer wird eingeladen?
(Nur die Gruppe oder auch
andere Personen?)

Was ist Glück?

1. Ergänzen Sie die Sätze frei und vergleichen Sie dann Ihre Definitionen mit Ihrer Nachbarin/Ihrem Nachbarn.

1. Glück ist, mit Menschen zusammen zu sein, (die/mit denen) ....

2. Glück ist, wenn man eine Beschäftigung hat, (die/über die/mit der) ....

3. Glück ist, wenn man .... und .... hat.

4. Glück ist schwieriger in einem Land, (das/in dem) ....

5. Glück ist, wenn man spürt, dass ....

6. Glück ist, wenn man ....

7. Glück ist, wenn man .... und .... ist.

8. Man braucht keinen/keine/kein ...., um glücklich zu sein.

9. Man muss nicht .... sein, um glücklich zu sein.

2. Vergleichen Sie Ihre Definitionen mit den Sätzen in der Aufgabe A3 im Kursbuch.

Wo ist der richtige Weg zum Glück?

Fehlt ein *g* oder ein *k*? Ergänzen Sie die fehlenden Buchstaben.

Sehnt sich der Mensch nach seinem angenehmen Leben, nach möglichst viel ......lück? Die Antwort lautet: Ja! Jeder will so viel Glück wie möglich. Beweis dafür sind unter anderem die vielen Rat......eber, die man zum Thema „Glück" ......aufen ......ann: „365 Ideen für das ......leine Glück" oder „Der Weg zum Glück", um nur einige zu nennen. Doch die Tatsache, dass es so viele Bücher über das Glück gibt, ist auch ein Si......nal dafür, dass unsere Suche nach dem Glück nicht besonders erfol......reich ist. Wären wir glücklich, würden wir keine Rat......eber ......aufen. Doch wie findet man den richtigen We...... zum Glück? Mit ......eld vielleicht? „Glück ......ann man ......aufen", behauptet die Lotto......esellschaft, „Glück kann man nicht ......aufen", beweist die Realität. Untersuchun......en zufolge sind viele Lotto......ewinner nach einigen Jahren wieder genauso arm wie vor ihrem Glückstreffer. Oder nehmen wir die Geschichte von Marianne aus Hannover, die als 48-Jährige sechs Richti......e im Lotto an......reuzte. Sofort erfüllte sie sich ihre Herzenswünsche: Sie ......ündi......te ihren Job als Se......retärin, ließ Freunde und Verwandte am neuen Reichtum teilhaben, ...aufte sich eine Ei......entumswohnun......, reiste nach Afrika, in die Karibi......, nach Marokko – und wurde doch nicht ......lücklich. „Ich lan......weile mich entsetzlich", er......lärte sie nach drei Jahren. „Deshalb würde ich ......ern wieder arbeiten." Als Glücksbrin......er scheint das ......eld wenig Glück zu haben. „Wir ......aufen uns Sachen, die wir nicht brauchen, um Leuten zu imponieren, die wir nicht leiden ......önnen", sa......t der Psycholo......e Gerhard Susen. Doch wenn es nicht am ......eld liegt – wenn Geld allein weder glüc......lich noch unglüc....lich macht –, woher kommt dann die unerfüllte Suche nach dem Glück? Die Antwort ist sehr einfach: Häufi...... aus uns selbst!

Glück und Zufriedenheit

1. Ergänzen Sie die Präpositionen in den folgenden Aussagen.

> am (2 x) ◆ bei ◆ für ◆ in (3 x) ◆ im ◆ nach ◆ trotz (2 x) ◆ unter ◆ zu (2 x)

Menschen, die einen Beruf ausüben, den sie mögen, sind oft glücklich. Man fühlt sich glücklich, wenn man das Gefühl hat, etwas Nützliches zu tun. .... das Glücklichsein ist es sehr wichtig, gute Beziehungen .... anderen Menschen zu haben. .... verschiedenen Umfragen gaben .... den reichen Leuten 40 Prozent an, dass sie glücklich sind. .... des steigenden materiellen Wohlstands werden die Menschen nicht glücklicher.

Den Menschen .... einer Demokratie geht es besser als .... einem autoritären System. .... Alter von 25 bis 45 ist der Druck, etwas zu erreichen, besonders groß. Wir streben .... mehr Erfolg, der Vergleich mit den anderen ist auch ein Teil des Drucks.

Das zufällige Glück ist nur eine äußere Bedingung, die nicht automatisch .... mehr Zufriedenheit oder Freude .... Leben führt. .... Erfolg und Anerkennung kann man .... Depressionen versinken wie manche Filmstars. Glück ist die Freude .... eigenen Leben: Je lieber jemand so lebt, wie er lebt, desto glücklicher ist er.

2. Was ist für Ihre Zufriedenheit am wichtigsten? Ordnen Sie die Faktoren nach ihrer Bedeutung.

☐ materieller Wohlstand

☐ Alter

☐ politisches System

☐ Freude am eigenen Leben

☐ etwas Nützliches tun

☐ zufälliges Glück (z. B. Lottogewinn)

☐ gute Beziehungen zu anderen Menschen

☐ Freude an der Arbeit

☐ Erfolg und Anerkennung

Horoskope

Karte 1

Sie sind ein mutiger und risikofreudiger Mensch. Deshalb gehören Aufgaben, die Sie herausfordern, zu Ihren Lieblingsbeschäftigungen. Sie sind dynamisch, aber wenn das Abenteuer vorbei ist, verlieren Sie schnell das Interesse an einer Sache.

Karte 2

Sie sind nicht nur ein charmanter, sondern auch ein friedlicher Mensch. Ihr Sternzeichen ist aber auch ein Erdzeichen: Auf Sie kann man sich verlassen: in der Liebe, im Beruf und im Freundeskreis. Aber wenn die wirtschaftliche Stabilität in Gefahr ist, werden Sie schnell nervös.

Karte 3

Sie sind flexibel und schnell. Sie besitzen viele Talente: Sie sind praktisch und intelligent. Sie können schnell Vor- und Nachteile erkennen und clevere Argumente finden. Vertreter dieses Zeichens sind in der Lage, mehrere Dinge gleichzeitig zu tun. Sie sind humorvoll, aber emotional nicht so offen.

Karte 4

Vorsicht und Zurückhaltung können als Ihre typischen Eigenschaften bezeichnet werden. Sie verlassen sich auf Ihr Gefühl und haben damit meistens recht. Menschen aus diesem Sternzeichen sind treue Partner bzw. Freunde. Selbst am Arbeitsplatz möchten sie eine familiäre Atmosphäre.

Karte 5

Die Sonne ist der „Stern" dieses Zeichens. Das steht für Vitalität und Dynamik. Alle Menschen aus diesem Sternzeichen werden mit Führungsqualitäten geboren, aber auch mit Güte und Großzügigkeit. Sie sind bereit, Verantwortung für sich und für andere zu übernehmen.

Karte 6

Sie verfügen über sehr gute intellektuelle Fähigkeiten, die auf Vernunft und Analyse basieren. Sie sind ordentlich und systematisch. Präzision, und Zuverlässigkeit sind für Sie genauso wichtig wie Allgemeinbildung und detailliertes Fachwissen. Jeder Chef kann glücklich sein, Sie im Team zu haben.

Karte 7

Spontane Entscheidungen sind in diesem Zeichen eher selten. Bevor Sie eine Entscheidung treffen, müssen Sie sich alle Seiten gründlich ansehen. Dieses Zeichen arbeitet gern und effektiv im Team und kann als sehr kontaktfreudig beschrieben werden.

Karte 8

Sie sind mutig und kämpfen für sich selbst und für andere. Was Sie unternehmen, das machen Sie entweder ganz oder gar nicht. Weil Sie als Kämpfer nicht aufgeben, besteht manchmal die Gefahr, dass Sie sich überarbeiten. Bei Sport und Hobbys gilt dasselbe.

Karte 9

Sie interessieren sich für Themen wie Religion, Philosophie, Psychologie usw. Soziales Engagement und ein starkes Gerechtigkeitsgefühl sind auch typisch für dieses Zeichen. Sie sind ein offener Mensch und sagen die Wahrheit. Die Idee, dass Sie eine Mission zu erfüllen haben, motiviert Sie.

Karte 10

Die Stärken dieses Sternzeichens sind Eigenschaften wie Konzentration, Geduld, Ausdauer, Realitätsbewusstsein und Gründlichkeit. Sie haben gern alles unter Kontrolle. Die berufliche Karriere ist das zentrale Thema in Ihrem Leben. Vom Tellerwäscher bis zum Millionär – Sie können es schaffen.

Karte 11

Uranus, der Planet der Erfinder und Reformer, steht für dieses Zeichen. Kein Wunder, dass Sie für modernes Denken bekannt sind. Sie sind auch ein verständnisvoller Diskussionspartner. Überhaupt ist Toleranz eine absolute Qualität Ihres Zeichens. Beruflich haben Sie oft idealistische Vorstellungen.

Karte 12

Sie sind ein hilfsbereiter Mensch. Sie sind sowohl bescheiden als auch kreativ. Im Beruf hören Sie meistens auf Ihr Gefühl und sind damit erfolgreich. Sie sind nicht besonders ehrgeizig. Wegen Ihrer Hilfsbereitschaft und Kreativität sind Sie ein beliebter Kollege.

Onkel Franz

- ☐ Onkel Franz lacht/lächelt.
- ☐ Onkel Franz hat gute Laune.
- ☐ Onkel Franz ist glücklich/froh.

- ☐ Onkel Franz weint.
- ☐ Onkel Franz hat schlechte Laune.
- ☐ Onkel Franz ist traurig.

Wie ist/Wie sind ...

seine Frau?

seine Kinder?

seine Chefin?

sein Gärtner?

seine Kollegen?

sein Nachbar?

seine Schwiegereltern?

der Freund seiner Tochter?

seine kleine Nichte?

sein bester Freund?

seine neuen Geschäftspartner?

- ☐ Onkel Franz lacht.

  Warum lacht er?

  Er ist froh, weil er eine optimistische Tante hat/
  weil seine Tante optimistisch ist.

- ☐ Onkel Franz weint.

  Warum weint er?

  Er ist traurig, weil er so unordentliche Kinder hat/
  weil seine Kinder so unordentlich sind.

Einige Ideen:

aggressiv – friedlich/ruhig ◆ chaotisch/unordentlich – ordentlich ◆ diplomatisch/höflich – unhöflich ◆
ernst – lustig ◆ kämpferisch ◆ ehrlich – unehrlich ◆ gerecht – ungerecht ◆ geduldig – ungeduldig ◆
krank – gesund ◆ treu – untreu ◆ zuverlässig – unzuverlässig ◆ zurückhaltend – offen/kontaktfreudig ◆
gefühlsbetont – pragmatisch ◆ systematisch ◆ großzügig – geizig ◆ optimistisch – pessimistisch ◆
hübsch – hässlich ◆ mutig/risikofreudig – feige ◆ charmant ◆ tolerant/verständnisvoll – intolerant ◆
gutmütig – böse ◆ verantwortungsvoll ◆ vernünftig ◆ praktisch ◆ flexibel – unflexibel ◆ faul – fleißig ◆
intelligent – dumm ◆ vorsichtig – unvorsichtig ◆ ruhig – nervös ◆ idealistisch – realitätsbewusst ◆
hilfsbereit – egoistisch ◆ bescheiden – arrogant ◆ kreativ/erfinderisch – langweilig ◆ ausdauernd ◆
gründlich – oberflächlich ...

Stress-Test

Ergänzen Sie zuerst die Verben in der richtigen Form und beantworten Sie dann die Fragen.

> haben ◆ können ◆ konzentrieren ◆ laufen ◆ leiden ◆ schlafen ◆ sein ◆ treffen ◆ tun ◆ verlieren ◆ erwarten

1. *Leiden* Sie oft an Infektionen, Grippe und/oder Erkältung? ☐ nein ☐ ja

2. Können Sie ruhig schlafen, nachdem Sie eine wichtige Entscheidung .... haben? ☐ nein ☐ ja

3. .... Sie schlecht einschlafen und/oder wachen Sie nachts häufiger auf? ☐ nein ☐ ja

4. Haben Sie manchmal das Gefühl, dass zu viel von Ihnen .... wird? ☐ nein ☐ ja

5. Fällt es Ihnen schwer, sich beim Sprechen oder Zuhören zu ....? ☐ nein ☐ ja

6. .... es schwer für Sie, sich zu entspannen? ☐ nein ☐ ja

7. Sind Sie tagsüber oft müde, obwohl Sie genug .... haben? ☐ nein ☐ ja

8. Werden Sie nervös, wenn etwas nicht so ...., wie Sie es geplant haben? ☐ nein ☐ ja

9. Haben Sie manchmal das Gefühl, dass die Menschen in Ihrer Umgebung oft Sachen ...., um Sie zu nerven? ☐ nein ☐ ja

10. .... Sie oft das Gefühl, nicht Herr, sondern Opfer der Lage zu sein? ☐ nein ☐ ja

11. Haben Sie Angst, die Kontrolle über sich zu ....? ☐ nein ☐ ja

Wie viele Fragen haben Sie mit „Ja" beantwortet? Lesen Sie Ihre Stress-Bewertung am Seitenende.

---

1. **Wenn Sie 0 bis 4 Fragen mit „Ja" beantwortet haben:**
Glückwunsch! Im Moment stehen Sie nicht unter Stress oder Sie können die stressigen Situationen in Ihrem Leben beneidenswert gut bewältigen. Haben Sie vielleicht ein paar Geheimtipps, wie Sie das machen? Erzählen Sie sie Ihren Freunden, damit sie auch stressfreier leben können.

2. **Wenn Sie 5 bis 8 Fragen mit „Ja" beantwortet haben:**
Es scheint so, als wäre Ihr Leben im Moment ein bisschen stressig. Überlegen Sie sich, was Sie verändern könnten: Vielleicht reicht es, wenn Sie Yoga machen. Denken Sie auch daran: Manchmal ist es besser, Nein zu sagen und einen kleinen Konflikt mit einem Freund oder dem Chef zu riskieren, als unter den Konsequenzen des Ja zu leiden.

3. **Wenn Sie 9 bis 11 Fragen mit „Ja" beantwortet haben:**
Sie leiden im Moment unter recht viel Stress. Achten Sie bitte auf Ihre Gesundheit, denn dauerhafter Stress kann zu Krankheiten führen. Nehmen Sie sich jeden Tag die Zeit, sich zu entspannen, und überlegen Sie sich, ob Sie vielleicht nicht zu viel für andere tun und dabei sich selbst vergessen.

Kurzinterviews

Stellen Sie drei oder vier Fragen an möglichst viele Partner in Ihrer Gruppe.

Haben Sie einen Glücksbringer?

Regen Sie sich manchmal im Straßenverkehr auf?

Hatten/Haben Sie einen interessanten Beruf?

Haben Sie schon einmal im Lotto gewonnen?

Waren Sie schon einmal hoffnungslos verliebt?

Glauben Sie an Horoskope?

Lesen Sie manchmal Ratgeber?

Sind Sie ein optimistischer Mensch?

Finden Sie, dass schöne Menschen ein leichteres Leben haben?

Sind Sie manchmal ungeduldig?

Kennen Sie besonders kreative Menschen?

Stört es Sie, wenn Sie mit unordentlichen Menschen wohnen müssen?

Haben Sie manchmal Angst, mit Ihren Worten andere Menschen zu verletzen?

Können Sie den Stress gut bewältigen?

Erinnern Sie sich am Morgen an Ihre Träume?

Konflikte haben einen negativen Einfluss auf unsere Beziehungen. Stimmen Sie zu?

Hat Sie schon einmal Geld glücklich gemacht?

Trauen Sie sich, Ihrem Chef manchmal Nein zu sagen?

Hatten Sie strenge Eltern?

Bewundern Sie manchmal den Himmel und die Sterne?

Früher war das Leben besser. Sind Sie einverstanden?

Waren Sie als Kind geduldig?

Ist das vierblättrige Klee- blatt auch in Ihrem Land ein Glückssymbol?

Können Sie gut unter Druck arbeiten?

Wünschen Sie Ihren Kindern Ihr eigenes Leben?

Grammatik- und Wortschatztraining

A

Ergänzen Sie die Präpositionen in den Ausdrücken mit Verben oder Adjektiven.
Ihre Nachbarin/Ihr Nachbar hat die Lösungen.

1. interessiert sein *an* (D)
2. sich interessieren ....
3. träumen *von* (D)
4. beliebt sein ....
5. sich verlieben *in* (A)
6. froh sein ....
7. sich freuen *über* (A), *auf* (A)
8. zufrieden sein ....
9. sich erinnern *an* (A)
10. sich kümmern ....
11. stolz sein *auf* (A)
12. wichtig sein ....
13. verantwortlich sein *für* (A)

14. überzeugt sein ....
15. eifersüchtig sein *auf* (A)
16. nützlich sein ....
17. sich informieren *über* (A)
18. danken ....
19. dankbar sein *für* (A)
20. freundlich sein ....
21. befreundet sein *mit* (D)
22. neugierig sein ....
23. enttäuscht sein *von* (D)
24. traurig sein ....
25. denken *an* (A)

B

Ergänzen Sie die Präpositionen in den Ausdrücken mit Verben oder Adjektiven.
Ihre Nachbarin/Ihr Nachbar hat die Lösungen.

1. interessiert sein ....
2. sich interessieren *für* (A)
3. träumen ....
4. beliebt sein *bei* (D)
5. sich verlieben ....
6. froh sein *über* (A)
7. sich freuen ....
8. zufrieden sein *mit* (D)
9. sich erinnern ....
10. sich kümmern *um* (A)
11. stolz sein ....
12. wichtig sein *für* (A)
13. verantwortlich sein ....

14. überzeugt sein *von* (D)
15. eifersüchtig sein ....
16. nützlich sein *für* (A)
17. sich informieren ....
18. danken *für* (A)
19. dankbar sein ....
20. freundlich sein *mit* (D)
21. befreundet sein ....
22. neugierig sein *auf* (A)
23. enttäuscht sein ....
24. traurig sein *über* (A)
25. denken ....

Wiederholungstest

1. Bilden Sie Adjektive.

   ◆ Kreativität: *kreativ*

   1. die Zuverlässigkeit: ....

   2. die Flexibilität: ....

   3. der Mut: ....

   4. das Glück: ....

   5. die Intelligenz: ....

   6. die Vernunft: ....

   7. die Offenheit: ....

   8. die Verantwortung: ....

   9. die Treue: ....

   .... /9 Punkte

2. Ergänzen Sie die passenden Verben in der richtigen Form. Achten Sie auf die Zeitformen.

geben ◆ imponieren ◆ können ◆ kündigen ◆ leiden ◆ machen ◆ reisen ◆ sein ◆ spielen ◆ verfolgen

   1. Glück .... man nicht kaufen.

   2. Viele Menschen .... Strategien, mit denen sie sich selbst unglücklich ....

   3. Vor ein paar Jahren .... eine 48-Jährige ihren Job als Sekretärin und .... nach Afrika.

   4. Die Tatsache, dass es so viele Bücher über das Glück ...., ist ein Signal dafür, dass unsere Suche nach dem Glück nicht besonders erfolgreich ....

   5. Wir kaufen uns Sachen, die wir nicht brauchen, um Leuten zu ...., die wir nicht .... können.

   6. Materieller Wohlstand .... beim Glücklichsein eine genauso große Rolle wie die Beziehungen zu anderen Menschen.

   .... /10 Punkte

3. Ergänzen Sie die Präpositionen.

   1. Das hast du gut gemacht! Ich bin stolz .... dich.

   2. Bist du immer noch eifersüchtig .... meine alte Freundin?

   3. Ich bin .... meinem Leben sehr zufrieden.

   4. Martha ist neidisch .... Tanja.

   5. Er ist .... meinem Chef befreundet.

   6. Wir sind sehr glücklich .... deinen Erfolg.

   7. Sei nett .... deiner neuen Kollegin.

   8. Ich bin .... dieser Wohnung interessiert.

   9. Bist du immer noch wütend .... mich?

   10. Wer ist .... dieses Projekt verantwortlich?

   .... /10 Punkte

4. Ergänzen Sie die Präpositionen und den Genitiv. Das Nomen bekommt manchmal keine Endung!

| außerhalb ◆ innerhalb ◆ laut ◆ mithilfe ◆ statt ◆ trotz ◆ während ◆ wegen |

1. .... ein........ Unfall........ wurde eine Fahrspur abgesperrt.

2. .... d........ Stadtzentrum........ gibt es wenig Geschäfte.

3. .... d........ Fernbedienung......... kann man den Fernseher ein- und ausschalten.

4. Bitte beantworten Sie diesen Brief .... d........ nächsten zwei Woche......... .

5. .... neu........ Untersuchungen........ sehen sich viele Singles als glücklich.

6. .... d........ schlechten Wetter........ sind wir spazieren gegangen.

7. .... mein........ Reise........ nach Österreich habe ich viel Deutsch gesprochen.

8. Warum ziehst du nicht diese schöne Bluse .... d........ alten T-Shirt......... an?

.... /16 Punkte

5. Ergänzen Sie *obwohl, weil, darum, wenn* und *deshalb*.

1. Ich bin sehr müde, ... ich nur vier Stunden geschlafen habe.

2. .... ich viel Arbeit habe, fühle ich mich nicht gestresst.

3. Ich habe meine Fahrprüfung bestanden, ... bin ich sehr glücklich.

4. Karl hat Angst vor Ablehnung, ... sagt er nie, was er möchte.

5. Ich fühle mich glücklich, ... ich das Gefühl habe, etwas Nützliches zu tun.

.... /5 Punkte

Insgesamt: .... /50 Punkte

Prüfungsvorbereitung „Zertifikat B1"

Sprechen, Teil 2

Sie sollen Ihren Zuhörern ein Thema präsentieren. Dazu finden Sie hier fünf Folien. Folgen Sie den Anweisungen links und schreiben Sie Ihre Notizen und Ideen rechts daneben.

Stellen Sie Ihr Thema vor. Erklären Sie den Inhalt und die Struktur Ihrer Präsentation.

....
....
....
....

Berichten Sie von einer Situation oder einem Erlebnis im Zusammenhang mit dem Thema.

....
....
....
....

Welche Stressfaktoren sind in Ihrem Heimatland besonders relevant? Wie geht man dort mit Stress um?

....
....
....
....

Machen Sie einige Vorschläge, wie man Stress effizient bewältigen kann.

....
....
....
....

Beenden Sie Ihre Präsentation und bedanken Sie sich bei den Zuhörern.

....
....
....
....

Gesundes Frühstück

Ergänzen Sie die fehlenden Adjektive/Adverbien in der richtigen Form.

> arm ◆ ungesund ◆ früh ◆ gemeinsam ◆ neu (Superlativ) ◆ morgendlich ◆ herzlich ◆ höher (Komparativ)

Moderator: Zu unserem Gespräch über gesunde Ernährung begrüße ich heute ganz .... Frau Dr. Sommer von der Weltgesundheitsorganisation und Thomas Albrecht vom Bundesbildungsministerium. Nach sechs Wochen Sommerferien heißt es nun für rund zehn Millionen Kinder und Jugendliche in Deutschland wieder .... aufstehen und in die Schule gehen. In der .... Hektik fehlt jedoch in vielen Familien die Zeit für ein .... Frühstück. Jedes vierte Kind verlässt das Haus ohne Frühstück, das jedenfalls sagen die .... Untersuchungen.

Frau Dr. Sommer: Ja, das stimmt. Und die Untersuchungen sagen auch, dass Kinder aus .... Familien häufiger als andere ohne Frühstück in die Schule gehen.

Herr Albrecht: Vielleicht sollte man hinzufügen, dass bei den 15-Jährigen der Anteil derjenigen, die nicht frühstücken, noch viel .... ist. Wir reden hier von ca. 50 Prozent. Es gibt also auch einen Zusammenhang zwischen Alter und .... Ernährung.

> frisch ◆ gut ◆ perfekt ◆ vollwertig ◆ wichtig

Moderator: Wie sieht das .... Frühstück aus?

Frau Dr. Sommer: Zu einem .... Frühstück gehören: Milchprodukte, also Milch, Joghurt, Quark und Käse, dann Vollkornbrot oder Brötchen, natürlich Obst oder wenigstens Obstsaft, am besten .... gepresst, ab und zu ein Ei, Süßes gehört natürlich auch dazu, zum Beispiel Marmelade oder Honig, und die Getränke, z. B. Früchtetee, Milch oder Kakao. Für jüngere Schulkinder ist Kalzium sehr ...., weil die Kinder noch wachsen. Kalzium ist .... für die Zähne und die Knochen.

> klein ◆ interessant (Komparativ) ◆ bunt

Moderator: Was sollen die Eltern machen, wenn das Kind am Morgen einfach keinen Appetit hat?

Frau Dr. Sommer: Je .... das Frühstück abläuft, desto eher kommt zur ersten Mahlzeit des Tages Freude auf. Manchmal helfen auch .... Tricks, zum Beispiel .... Geschirr in den Lieblingsfarben des Kindes. Denn, wie heißt das Sprichwort: Das Auge isst mit.

Moderator: Vielen Dank für das Gespräch.

Restaurantkritiken: Silbensalat [A]

Rekonstruieren Sie die Wörter und ergänzen Sie dann die Texte. Vergleichen Sie Ihren Text mit Ihrer Nachbarin/Ihrem Nachbarn.

1. nen–ver–ge–gan ♦ hei–ein–sches–mi ♦ gend–vor–her–ra ♦ che–gut–li–ger–bür ♦ rich–ge–ein–te–te

Restaurant Ratskeller

Das rustikale, mit dunklen Holzmöbeln .... Lokal bietet ein Stück Stadtgeschichte. An den Wänden kann man alte Bilder und Rezepte aus dem .... Jahrhundert bewundern. Hier gibt es .... Küche zu bezahlbaren Preisen. Die Bedienung ist freundlich und schnell. Als Hauptspeise bestellten wir einen Hirschbraten mit Gemüse und Nudeln. Das Fleisch war ....,
das Gemüse noch knackig, die dazu servierten Nudeln waren allerdings ungewürzt und zu weich. Die Weinkarte bot eine große Auswahl, wir empfehlen aber in diesem Restaurant zum Essen ein frisch gezapftes .... Bier.

2. ein–un–schränkt–ge ♦ nen–pla–ein ♦ li–na–sche–ku–ri ♦ ge–ten–such–aus

Restaurant Kaiser

Wenn man mit dem Fahrstuhl in die 26. Etage des Hotels Ambassador gefahren ist, erfreut man sich zunächst an dem Ausblick über die Stadt. Man wird vom Personal des Restaurants freundlich empfangen, die Einrichtung wirkt modern und trotzdem bequem. Dass man für das Menü rund 100 Euro .... muss, wissen die Feinschmecker. Die Küche arbeitet nur mit .... Zutaten, das Zusammenspiel mit dem Service funktioniert hervorragend. Den Empfehlungen der Kellner kann man vertrauen, das Essen und die Weinkarte sind vom Feinsten. Ob Entenbrust, Flusskrebse oder nur ein Risotto – man erlebt eine .... Reise der Spitzenklasse. Das Menü, so kann man am Ende des Abends feststellen, ist sein Geld .... wert.

3. pe–lich–tit–ap ♦ ta–e–i–li–sche–ni ♦ lich–aus–führ ♦ freund–un–lich

Restaurant Don Giovanni

Das .... Restaurant befindet sich in bester Lage, direkt in der Fußgängerzone. Das Ambiente ist traumhaft. Die Decke besteht aus Glas, überall stehen Palmen und andere Pflanzen. Die Weinkarte ist ...., der Hauswein konnte allerdings mit seinem leicht säuerlichen Geschmack nicht überzeugen. Die Vitrine mit den Vorspeisen (Antipasti) sah frisch und .... aus, besonders gut schmeckte das Kalbfleisch. Als Hauptgericht aßen wir Spaghetti, die zu hart waren, und einen Fisch, der zu trocken war. Auch die Bedienung hatte einen schlechten Tag, sie war .... und langsam. Schade eigentlich, es hätte ein so schöner Abend werden können.

Restaurantkritiken: Silbensalat [B]

Rekonstruieren Sie die Wörter und ergänzen Sie dann die Texte. Vergleichen Sie Ihren Text mit Ihrer Nachbarin/Ihrem Nachbarn.

1. | zapf–ge–tes ♦ ti–rus–le–ka ♦ ba–zahl–be–ren ♦ würzt–un–ge |

Restaurant Ratskeller

Das ...., mit dunklen Holzmöbeln eingerichtete Lokal bietet ein Stück Stadtgeschichte. An den Wänden kann man alte Bilder und Rezepte aus dem vergangenen Jahrhundert bewundern. Hier gibt es gutbürgerliche Küche zu .... Preisen. Die Bedienung ist freundlich und schnell. Als Hauptspeise bestellten wir einen Hirschbraten mit Gemüse und Nudeln. Das Fleisch war hervorragend, das Gemüse noch knackig, die dazu servierten Nudeln waren allerdings .... und zu weich. Die Weinkarte bot eine große Auswahl, wir empfehlen aber in diesem Restaurant zum Essen ein frisch .... einheimisches Bier.

2. | gend–vor–her–ra ♦ se–tzen–spi–klas ♦ lun–gen–feh–emp ♦ gen–fan–emp |

Restaurant Kaiser

Wenn man mit dem Fahrstuhl in die 26. Etage des Hotels Ambassador gefahren ist, erfreut man sich zunächst an dem Ausblick über die Stadt. Man wird vom Personal des Restaurants freundlich ...., die Einrichtung wirkt modern und trotzdem bequem. Dass man für das Menü rund 100 Euro einplanen muss, wissen die Feinschmecker. Die Küche arbeitet nur mit ausgesuchten Zutaten, das Zusammenspiel mit dem Service funktioniert .... Den .... der Kellner kann man vertrauen, das Essen und die Weinkarte sind vom Feinsten. Ob Entenbrust, Flusskrebse oder nur ein Risotto – man erlebt eine kulinarische Reise der .... Das Menü, so kann man am Ende des Abends feststellen, ist sein Geld uneingeschränkt wert.

3. | be–ders–son ♦ zo–gän–fuß–ne–ger ♦ li–er–chen–säu ♦ nung–die–be |

Restaurant Don Giovanni

Das italienische Restaurant befindet sich in bester Lage, direkt in der .... Das Ambiente ist traumhaft. Die Decke besteht aus Glas, überall stehen Palmen und andere Pflanzen. Die Weinkarte ist ausführlich, der Hauswein konnte allerdings mit seinem leicht .... Geschmack nicht überzeugen. Die Vitrine mit den Vorspeisen (Antipasti) sah frisch und appetitlich aus, ... gut schmeckte das Kalbfleisch. Als Hauptgericht aßen wir Spaghetti, die zu hart waren, und einen Fisch, der zu trocken war. Auch die .... hatte einen schlechten Tag, sie war unfreundlich und langsam. Schade eigentlich, es hätte ein so schöner Abend werden können.

Was bedeutet dieses Verb?

Karte 1	Karte 2
schaffen	haben

Karte 3	Karte 4
sehen	kommen

Karte 5	Karte 6
werden	machen

Karte 7	Karte 8
bekommen	gehen

Trivial Pursuit [A]

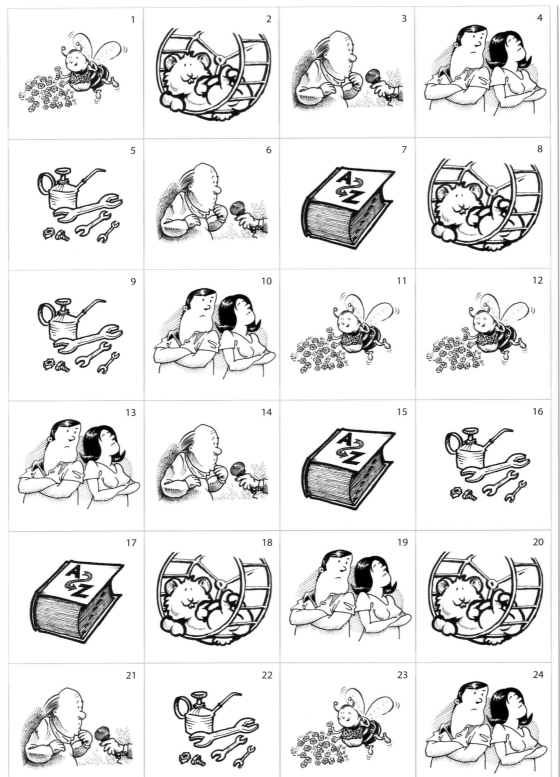

Was macht
ein …?

Sammeln Sie
Wörter.

Machen Sie
Vorschläge.

Nennen Sie
das Gegenteil.

Geben Sie die
Vergangen-
heitsformen an.

Was wird hier
gemacht?

Arbeitsblatt 4: Karten 1 zum Ausschneiden

Trivial Pursuit [B]

Was macht ein …?

Nennen Sie mindestens drei Sachen, die ein <u>Taxifahrer</u> macht.	Nennen Sie mindestens drei Sachen, die ein <u>Schauspieler</u> macht.	Nennen Sie mindestens drei Sachen, die ein <u>Rezeptionist</u> macht.
Nennen Sie mindestens drei Sachen, die ein <u>Lehrer</u> macht.	Nennen Sie mindestens drei Sachen, die ein <u>Arzt</u> macht.	Nennen Sie mindestens drei Sachen, die eine <u>Reiseleiterin</u> macht.
Nennen Sie mindestens drei Sachen, die ein <u>Firmendirektor</u> macht.	Nennen Sie mindestens drei Sachen, die eine <u>Sekretärin</u> macht.	Nennen Sie mindestens drei Sachen, die ein <u>Journalist</u> macht.

Sammeln Sie mindestens fünf Wörter.

Was kann man essen oder trinken?	Was kann man anziehen?	Welche Gegenstände findet man in einem Büro?
Was kann man an-, ein- und ausschalten?	Wie kann ein Mensch sein?	Welche Möbelstücke kennen Sie?
Wo kann man sich entspannen?	Welche elektrischen Geräte kennen Sie?	Wo kann man die Freizeit verbringen?

Trivial Pursuit [C]

Machen Sie mindestens drei Vorschläge.

Ihr Freund ist erkältet.	Ihr Kollege möchte Deutsch lernen.	Ihre Tochter möchte Ärztin werden.
Ihre Freunde wollen ein stressfreies Leben führen.	Ihr deutscher Geschäftspartner möchte Ihre Heimatstadt besuchen.	Ihr deutscher Freund muss mit Geschäftspartnern aus Ihrem Heimatland verhandeln.
Ihre Freundin möchte am Wochenende etwas unternehmen.	Ihre Kinder wollen Ihnen beim Aufräumen helfen.	Ihre deutsche Freundin möchte ein Gericht aus Ihrem Heimatland kochen.

Nennen Sie das Gegenteil.

1. jemanden anstellen 2. eine E-Mail speichern 3. den Computer anschalten 4. einen Termin vereinbaren 5. die Besprechung beginnt	1. eine Wohnung kaufen 2. die Tür schließen 3. einen Menschen lieben 4. aufstehen 5. Rauchen ist verboten.	1. eine Prüfung bestehen 2. die Zahlen sinken 3. das Essen einfrieren 4. sich verspäten 5. ankommen
1. interessant 2. glücklich 3. schön 4. preiswert 5. zuverlässig	1. innerhalb Europas 2. viel Glück haben 3. geringes Gehalt 4. das beste Produkt 5. eine wichtige Entscheidung	1. häufig 2. viel 3. einerseits 4. sofort 5. die erste U-Bahn
1. modern 2. bekannt 3. gleich/identisch 4. schnell 5. später	1. überall 2. eine große Auswahl bieten 3. ein sauberes Hemd anhaben 4. eine nette Mitarbeiterin 5. immer	1. hervorragend 2. gefährlich 3. mutig 4. ordnungsliebend 5. hart

Trivial Pursuit [D]

Geben Sie die Vergangenheitsformen an.

1. laufen 2. bekommen 3. anfangen 4. stehen 5. liegen	1. arbeiten 2. verschieben 3. heilen 4. untersuchen 5. sein	1. leben 2. geben 3. überzeugen 4. schmecken 5. müssen
1. lügen 2. lachen 3. nehmen 4. kommen 5. schließen	1. sich entspannen 2. erlauben 3. erfinden 4. trinken 5. spielen	1. essen 2. fahren 3. studieren 4. sehen 5. mögen
1. besuchen 2. eröffnen 3. denken 4. tun 5. gehen	1. reparieren 2. kochen 3. werden 4. anprobieren 5. schlafen	1. lesen 2. telefonieren 3. packen 4. dürfen 5. schneiden

Was wird hier gemacht?

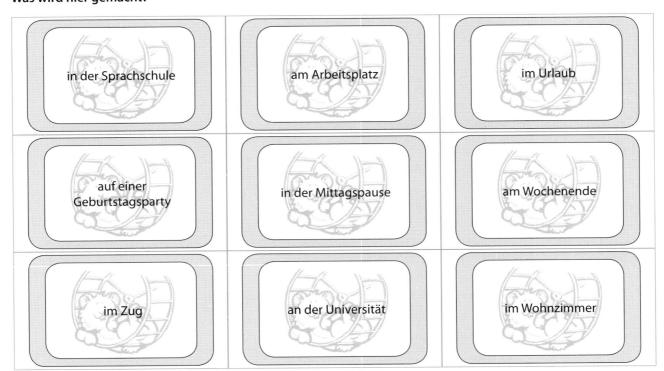

in der Sprachschule	am Arbeitsplatz	im Urlaub
auf einer Geburtstagsparty	in der Mittagspause	am Wochenende
im Zug	an der Universität	im Wohnzimmer

Haben Sie ein gutes Gedächtnis?

1. Welcher deutschsprachige Roman erzählt die Geschichte eines Mörders im Frankreich des 18. Jahrhunderts?

   ....

2. Warum kann man bei Mozarts Musik so effizient lernen?

   ....

3. Was charakterisiert den haptischen Lerner?

   ....

4. Was tranken die mittelalterlichen Ritter zum Frühstück?

   ....

5. Nennen Sie zwei Sachen, die Stress erzeugen können.

   ....

6. Wie viele neue Wörter am Tag kann der Mensch im Langzeitgedächtnis aufnehmen?

   ....

7. Was machte die 48-jährige Marianne aus Hannover, um glücklich zu werden, nachdem sie im Lotto gewonnen hatte?

   ....

8. Wie viel Prozent unserer Zeit verbringen wir laut Psychologen mit Gesprächen über Menschen, die nicht anwesend sind?

   ....

9. In welchem Berliner Museum kann man sich über die deutsche Filmgeschichte informieren?

   ....

10. Wie viele Exemplare der Gutenberg-Bibel gibt es heute?

    ....

11. Seit wann gibt es in Deutschland Tageszeitungen (natürlich mit Werbung)?

    ....

12. Wer ist Neo Rauch?

    ....

13. Welches Sternzeichen ist für seine Toleranz bekannt?

    ....

14. Wie heißen die Schulnoten in Deutschland? (Bitte alle Noten nennen!)

    ....

15. Wann wurde die erste Strecke der Berliner U-Bahn eröffnet?

    ....

16. Wie viele Bücher pro Jahr lesen „Normalleser" in Deutschland?

    ....

17. Welches Glückssymbol war schon für die germanischen Völker ein heiliges Tier?

    ....

18. Darf man das Telefon am Arbeitsplatz für den privaten Gebrauch nutzen?

    ....

Eine Meinung äußern

Diese Redemittel können Sie in Alltagsgesprächen und bei der Prüfungsvorbereitung auf das Zertifikat Deutsch gut gebrauchen. Ergänzen Sie die fehlenden Wortsilben.

Die Meinung sagen:

Ich den*ke*, dass …

Ich glau........., dass …

Ich mei........., dass …

Ich bin der Meinung/An............., dass …

Meiner Meinung/An............ nach …

Ich habe den Ein............/das Gefühl, dass …

Zustimmung:

Ich bin ganz/völlig Ihrer Mei..........

Das fin......... ich auch./Ich denke darüber genau..........

Ich bin da......... einverstanden./Ich b......... dafür.

Das ist rich........../Sie ha......... recht./Das stimmt.

Ablehnung:

Ich bin ganz/völlig anderer Mei........../Ich kann Ihnen nicht zu..............

Ich bin damit nicht einver........../Ich bin dage..........

Sie ir......... sich./Das ist falsch./Das stimmt (gar/über.........) nicht.

Vorschläge machen:

Ich wür......... es besser finden, wenn … /Es wä......... besser, wenn …

Wir soll......... …/Ich schla......... vor, dass wir …

Du könn......... …

Ich hal......... es für wichtig, dass …/Ich fin......... es wichtig, dass …

An deiner Stel......... würde ich …

Unsicherheit ausdrücken:

Das kann (natür.........) sein./Das ist mög..........

Ja, viel..........

Dazu kann ich nichts sa........../Dazu habe ich keine Mei..........

Ich weiß es wirk......... nicht./Ich habe keine Ah..........

Nach der Meinung fragen:

Was meinst du?/Was halten Sie da.........?

Hast du eine besse......... Idee?

Gefühle ausdrücken:

Das überrascht mich./Das finde ich sehr überra..........

Das hät......... ich nicht gedacht./Das hätte ich nicht erwar..........

Das kann ich mir (gar) nicht vorstel..........

Begegnungen B1⁺

Wortschatzwiederholung zu Prüfungsthemen

Ergänzen Sie die passenden Verben. Geben Sie auch die Vergangenheitsformen an.

a) Schule, Studium, Ausbildung

1. in einem Studentenwohnheim *wohnen, er wohnte, er hat gewohnt*
2. gute Noten ...., ..., ...
3. ein Praktikum ...., ..., ...
4. eine Prüfung ...., ..., ...
5. das Studium mit einem Masterdiplom ...., ..., ...
6. Vorlesungen und Seminare ...., ...
7. seine Diplomarbeit ...., ..., ...
8. aufs Gymnasium ...., ..., ...

b) Essen und trinken

1. Kaffee ...., ..., ...
2. Zwiebeln ...., ..., ...
3. Gemüse ...., ..., ...
4. Fleisch ...., ..., ...
5. Lebensmittel ...., ..., ...
6. die Milch in den Kühlschrank ...., ..., ...
7. Salat ...., ..., ...
8. im Restaurant eine Fischplatte ...., ..., ...
9. um die Rechnung ...., ..., ...
10. einen Freund zum Essen ...., ..., ...

c) Freizeit, Hobbys

1. im Internet ...., ..., ...
2. Volleyball ...., ..., ...
3. Sport ...., ..., ...
4. Fotos ...., ..., ...
5. einen Ausflug in die Berge ...., ..., ...
6. eine Fremdsprache ...., ..., ...
7. in der Sonne ...., ..., ...
8. auf eine Party ...., ..., ...
9. einen Roman ...., ..., ...
10. Briefmarken ...., ..., ...

d) Im Geschäft

    1. eine Bluse ...., ..., ...

    2. nach dem Preis einer Hose ...., ..., ...

    3. sich über die neusten Angebote ...., ..., ...

    4. mit Kreditkarte ...., ..., ...

    5. das kaputte Radio ...., ..., ...

e) Arbeit und Beruf

    1. neue Strategien ...., ..., ...

    2. Kunden ...., ..., ...

    3. mit Geschäftspartnern ...., ..., ...

    4. E-Mails ...., ..., ...

    5. Telefonate ...., ..., ...

    6. einen Termin ...., ..., ...

    7. Geld ...., ..., ...

    8. als Wirtschaftsexperte ...., ..., ...

    9. eine Dienstreise ...., ..., ...

    10. in der Schule Mathematik ...., ..., ...

f) Reisen, Urlaub

    1. ein Gespräch im Reisebüro ...., ..., ...

    2. eine Reise ...., ..., ...

    3. in einem 5-Sterne-Hotel ...., ..., ...

    4. mit dem Zug ...., ..., ...

    5. im Stau ...., ..., ...

    6. die Verkehrsdurchsagen ...., ..., ...

    7. eine Stadtrundfahrt ...., ..., ...

    8. Sehenswürdigkeiten ...., ..., ...

    9. Postkarten ...., ..., ...

    10. Andenken ...., ..., ...

Prüfungsvorbereitung „Zertifikat B1"

Schreiben, Teil 1

Sie haben letztes Wochenende in einem neuen Restaurant gegessen. Ein Freund/Eine Freundin wollte mitkommen, aber er/sie war verhindert.

Schreiben Sie eine E-Mail an ihn/sie:

- ▫ Beschreiben Sie: Wie ist das Restaurant?
- ▫ Begründen Sie: Hat Ihnen das Restaurant gefallen? Warum (nicht)?
- ▫ Machen Sie einen Vorschlag für einen gemeinsamen Restaurantbesuch.

Schreiben Sie eine E-Mail von ca. 80 Wörtern. Schreiben Sie etwas zu allen drei Punkten.
Achten Sie auf den Textaufbau (Anrede, Einleitung, Reihenfolge der Inhaltspunkte, Schluss).

Begegnungen B1⁺

Die Autorinnen danken Ingrid Grigull für die Erstellung des Lösungsteils.

Kapitel 1: Arbeitsblatt 3 (Seite 51)
(1) habe, bin, machen, Tun, Denken, gewartet, gedrückt, genommen, gelaufen, kostet, verlassen, betreten
(2) denken, führen, meinen, verzichten, lernen, spart, verschwenden, telefonieren, sagen, sitzen
(3) wissen, passierte, antworten, läuft, gibt

Kapitel 1: Arbeitsblatt 5 (Seite 53)
Moderatorin: für
Sprecher 1: Für, wenn, Farbkleckse, dafür, gefallen, finde, was
Sprecher 2: Was verstehen, für Fotografie, Foto, fotografiere, schwarz-weiß, Fotografien, war, Fotoausstellung, von, finde, frage, warum, Fotos
Sprecher 3: von, viel, verreisen, waren, waren, vor, gewartet, bevor, wunderbare, Wassily, viele, weiterempfehlen, für
Sprecherin 4: finde, was, viele, wieder, früher, fand, gefallen, war, viel, anfangen

Kapitel 1: Arbeitsblatt 9 (Seite 58/59)
1. 1. das Lesen 2. der Taxifahrer 3. das Internet 4. der Drucker 5. der Besuch 6. die Lampe 7. die Ankunft 8. der Gewinn 9. die Ärztin 10. die Abteilung
2. 1. habe, geduscht 2. haben, gefrühstückt 3. habe, gegessen; hat, getrunken 4. habe, teilgenommen 5. habe, geschrieben 6. habe, telefoniert 7. habe, besucht 8. sind, gegangen 9. bin, eingeschlafen
3. 1. haben/lösen 2. stehen 3. lesen/schreiben 4. warten 5. besuchen 6. entwickeln/entwerfen
4. 1. Von, bis 2. um 3. Während 4. Seit 5. Im 6. Am 7. Nach 8. Im
5. 1. für moderne 2. über die 3. mit Ihrer 4. mit deinen 5. nach einer 6. für diese 7. um/auf eine 8. über dieses 9. mit dem 10. an deine

Kapitel 2: Arbeitsblatt 3 (Seite 63)
(1) im, für, für, für, nach
(2) bei, bei, von, für, während, mit, im, im
(3) über, bei
(4) Beim, für, im, bis

Kapitel 2: Arbeitsblatt 5 (Seite 65)
1. ist, tun, helfen 2. Könnte/Kann, möchte 3. verbinde, war, buchstabieren 4. Tut, ausrichten, hinterlassen 5. ausrichten, sagen, zurückrufen 6. geht, handelt 7. würde, vereinbaren, geht, vorstellen 8. wissen, sagen, habe 9. Ginge/Geht, Passt, Hätten/Haben 10. tut, habe, passt, habe, würde 11. absagen, verschieben 12. melde

Kapitel 2: Arbeitsblatt 8 (Seite 69)
Verben mit Akkusativ: bitten, er bat, er hat gebeten; beantworten, er beantwortete, er hat beantwortet; bestellen, er bestellte, er hat bestellt; informieren, er informierte, er hat informiert; lieben, er liebte, er hat geliebt; zurückrufen, er rief zurück, er hat zurückgerufen
Verben mit Dativ: antworten, er antwortete, er hat geantwortet; danken, er dankte, er hat gedankt; gefallen, es gefiel (mir); es hat (mir) gefallen; glauben, er glaubte, er hat geglaubt; helfen, er half, er hat geholfen; passen, es passt (mir), es hat (mir) gepasst; schmecken, es schmeckte (mir), es hat (mir) geschmeckt; widersprechen, er widersprach, er hat widersprochen
Verben mit Akkusativ und Dativ: ausrichten, er richtete aus, er hat ausgerichtet; empfehlen, er empfahl, er hat empfohlen; geben, er gab, er hat gegeben; leihen, er lieh, er hat geliehen; sagen, er sagte, er hat gesagt; schicken, er schickte, er hat geschickt; versprechen, er versprach, er hat versprochen; zeigen, zeigte, er hat gezeigt

Kapitel 2: Arbeitsblatt 9 (Seite 70/71)
1. *Beispiele:* 1. Ein Polizist regelt den Verkehr. 2. Ein Arzt untersucht die Patienten. 3. Ein Lehrer unterrichtet in einer Schule. 4. Ein Sekretär schreibt Briefe. 5. Ein Informatiker schreibt Softwareprogramme.
2. beantworten, bekommen, arbeite, muss, ist, sehe, macht, teilgenommen, tragen, Schreibe
3. A: sprechen B: verbinde C: tun A: vorstellen C: können/könnten A: passen C: tut mir leid – habe A: passt – komme
4. *Beispiele:* 1. Ich denke, man muss das Rauchen in Restaurants verbieten. 2. Ich schlage vor, dass jeder Europäer Deutsch lernt. 3. Mein Vorschlag wäre, dass unsere Abteilung jeden Montag eine Besprechung hat. 4. Meiner Meinung nach sollten die Mitarbeiter private Telefonate selbst bezahlen. 5. Die Firma sollte mehr Informatiker einstellen.
5. 1. Könnte ich (bitte) das Telefon benutzen? 2. Könnte ich (bitte) Frau Lüders sprechen? 3. Würdest/Könntest du (mir) (bitte) die Tür öffnen? 4. Sie müssten/dürften nicht so viele Süßigkeiten essen. 5. Wir möchten gern eine Tasse Tee.

Kapitel 3: Arbeitsblatt 1 (Seite 73)
siehe Lösungsschlüssel Kursbuch Seite 9, A8

Kapitel 3: Arbeitsblatt 3 (Seite 75)
(1) entdeckten, gab
(2) konnten, existierte, war, wollte, erfand, wurden, ermöglichte
(3) entstand, gedruckt, zählt

Begegnungen B1$^+$

Kapitel 3: Arbeitsblatt 5 (Seite 78)

1. *Beispiele:* **1.** das Radio ausschalten/abschalten **2.** das Radio lauter stellen **3.** ein Radio verkaufen **4.** seriöse/ernsthafte Sendungen mögen **5.** den Knopf nach rechts drehen
   1. eine SMS bekommen/erhalten **2.** eine Nummer löschen **3.** den Akku aufladen **4.** einen Termin absagen
   1. Der Fernseher ist repariert./Der Fernseher funktioniert. **2.** den Fernseher ausschalten **3.** eine Sendung langweilig finden **4.** den Sender wechseln
   1. eine E-Mail schicken/senden **2.** eine E-Mail speichern **3.** der Briefkasten ist voll **4.** ein Dokument schließen **5.** am Computer arbeiten

Kapitel 3: Arbeitsblatt 8 (Seite 81)

1. **Singular:** Ich wasche mich. Ich wasche mir die Hände. Du wäschst dich. Du wäschst dir die Hände. Er/sie/es wäscht sich. Er/sie/es wäscht sich die Hände. **Plural:** Wir waschen uns. Wir waschen uns die Hände. Ihr wascht euch. Ihr wascht euch die Hände. Sie/sie waschen sich. Sie/sie waschen sich die Hände.

2. **Das Reflexivpronomen ist fakultativ:** Ich melde mich an. Ich melde meinen neuen Wohnsitz an. Ich ziehe mich an/um. Ich ziehe ein Kleid an./Ich ziehe in ein anderes Haus um. Ich rege mich auf./Ich rege meinen Chef auf. Ich beruhige mich./Ich beruhige die Katze. Ich beschäftige mich./Ich beschäftige viele Mitarbeiter. Ich dusche mich/mein Kind. Ich entschuldige mich./Ich entschuldige die Verspätung. Ich erinnere mich./Ich erinnere die Mitarbeiter an den Termin. Ich föhne mich/meine Haare. Ich fürchte mich/die Kritik. Ich langweile mich/die Lehrer. Ich treffe mich mit meinem Freund./Ich treffe meinen Freund. Ich unterhalte mich mit meinen Gästen./Ich unterhalte die Gäste. Ich verabschiede mich./Ich verabschiede die Gäste. Ich verletze mich./Ich verletze meinen Freund. Ich wasche mich./Ich wasche die Wäsche.
   Das Reflexivpronomen ist obligatorisch: ich beeile mich, ich befinde mich (in), ich beschwere mich, ich einige mich, ich erkälte mich, ich erkundige mich, ich freue mich, ich interessiere mich, ich irre mich, ich streite mich, ich verabrede mich, ich verliebe mich

Kapitel 3: Arbeitsblatt 9 (Seite 82/83)

1. **1.** Ich gehe ins Fitnessstudio, um fit zu sein. **2.** Ich bin ins Kino gegangen, statt zum Deutschkurs zu kommen. **3.** Ich bin im Herbst nach London gereist, ohne einen Regenschirm mitzunehmen. **4.** Ich fahre mit dem Fahrrad, um die Umwelt nicht zu verschmutzen. **5.** Er ist ins Büro gekommen, ohne die Kollegen zu grüßen.

2. **1.** Wenn das Wetter schön gewesen wäre, hätten wir einen Ausflug gemacht. **2.** Wenn der Zug pünktlich angekommen wäre, hätten wir die Ausstellungseröffnung nicht verpasst. **3.** Wenn sich Karl auf die Prüfung gut vorbereitet hätte, wäre er nicht durch die Prüfung gefallen. **4.** Wenn ich Zeit gehabt hätte, hätte ich etwas gekocht. **5.** Wenn wir im Lotto gewonnen hätten, hätten wir eine größere Wohnung gekauft.

3. **1.** mich **2.** euch **3.** uns **4.** sich **5.** mich **6.** dir **7.** euch **8.** uns **9.** sich **10.** sich

4. **1.** 1928 wurde der Fernseher erfunden. **2.** Das Fenster muss geputzt werden. **3.** Der Kühlschrank konnte nicht repariert werden. **4.** Die Ausstellung ist am 12. November eröffnet worden. **5.** Das kleine Kino musste geschlossen werden. **6.** Ein neues Programm wird gerade installiert. **7.** Der Fernseher soll ausgeschaltet werden. **8.** Letztes Jahr sind viele deutschsprachige Romane verkauft worden.

5. *Beispiele:* **1.** Bücher, Zeitungen und Zeitschriften kann man lesen. **2.** die Nachrichten, die Serie, die Talkshow, der Krimi **3.** Man kann ein Buch lesen, ausleihen, verkaufen, kaufen, verschenken, schreiben, verlegen, übersetzen. **4.** das Radio, das Fernsehen, die Zeitung

Kapitel 3: Arbeitsblatt 10 (Seite 84)

1. falsch **2.** richtig **3.** richtig **4.** falsch **5.** richtig **6.** richtig

Kapitel 4: Arbeitsblatt 1 (Seite 85)

siehe Kursbuch Seite 101, A3

Kapitel 4: Arbeitsblatt 5 (Seite 89)

(1) Guten Tag
(2) einen neuen, mein alter
(3) unserer neuen; ein, mit einem, eine
(4) einem eingebauten
(5) dieses, der, das allerneuste, einem topmodernen, hochaktuellen
(6) den anderen, das
(7) ein, einem größeren, diesem, einen
(8) diesen, Ihre, der, der, die, Die, keinen, der, die, die
(9) der
(10) Der, ein tolles
(11) der
(12) diesen, den
(13) einer

Kapitel 4: Arbeitsblatt 8 (Seite 93)

1. *Beispiele:* **1.** der installierte Drucker/das installierte Telefon **2.** das geschnittene Fleisch/das geschnittene Papier/die geschnittenen Zwiebeln **3.** das angeschlossene Telefon/der angeschlossene Drucker/

Begegnungen B1⁺

der angeschlossene Computer/die angeschlossene Waschmaschine/das angeschlossene Fahrrad **4.** die bezahlte Rechnung/das bezahlte Essen/die bezahlten Kleider/das bezahlte Hemd/der bezahlte Computer/der bezahlte Drucker/die bezahlte Waschmaschine **5.** der geschriebene Brief/die geschriebene E-Mail/die geschriebenen Bücher **6.** der vorgestellte neue Mitarbeiter **7.** das verkaufte Produkt/die verkauften Bücher/die verkauften Äpfel **8.** der eingeladene Besuch/der eingeladene Freund/der eingeladene neue Mitarbeiter/die eingeladenen Gäste **9.** die reparierte Waschmaschine/das reparierte Fahrrad/die reparierte Maus **10.** der abgesagte Ausflug

2. **2.** Ein singendes Mädchen ist ein Mädchen, das singt. **3.** Der neu eingestellte Mitarbeiter ist der Mitarbeiter, der neu eingestellt wurde. **4.** Die im September abgelegte Prüfung ist die Prüfung, die im September abgelegt wurde. **5.** Die einfahrende U-Bahn ist die U-Bahn, die einfährt. **6.** Vor dem Geschäft wartende Menschen sind Menschen, die vor dem Geschäft warten. **7.** Ein abgesagter Firmenbesuch ist ein Firmenbesuch, der abgesagt wurde. **8.** Ein gut vorbereiteter Schüler ist ein Schüler, der gut vorbereitet ist. **9.** Ein zu spät vereinbarter Termin ist ein Termin, der zu spät vereinbart wurde. **10.** Das landende Flugzeug ist das Flugzeug, das landet.

Kapitel 4: Arbeitsblatt 9 (Seite 94/95)

1. **1.** der **2.** von dem **3.** mit der **4.** über die **5.** den **6.** von dem **7.** dessen **8.** der
2. **1.** schreiben, er schrieb, er hat geschrieben **2.** verdienen, er verdiente, er hat verdient **3.** entwickeln, er entwickelte, er hat entwickelt **4.** erfragen, er erfragte, er hat erfragt **5.** freuen, er freute sich, er hat sich gefreut
3. **1.** schönen **2.** pure **3.** die neuesten **4.** ein neues **5.** Die moderne, der ersten **6.** Der klassische, die laufende **7.** ein schnelles **8.** der
4. **1.** größer **2.** heller **3.** mehr **4.** gut **5.** jünger **6.** schwer **7.** teurer **8.** interessanter
5. **1.** übersetzte **2.** gelesenen **3.** zubereitete **4.** kopierten **5.** vergessene

Kapitel 4: Arbeitsblatt 10 (Seite 96)

1. nein **2.** ja **3.** nein **4.** ja **5.** nein **6.** ja **7.** ja **8.** ja

Kapitel 5: Arbeitsblatt 1 (Seite 97)

(1) Vokabel, Ultrakurzzeitgedächtnis, verstärkt, Innerhalb, gelöscht
(2) als, Festplatte, können, Andernfalls, am, machen, beherrscht
(3) allgemeinen, anders
(4) visuelle, besten, schreiben, herangeht, Regeln, es

Kapitel 5: Arbeitsblatt 5 (Seite 102/103)

1. **1.** begrüßen **2.** haben **3.** spielen **4.** durchsetzen **5.** aufnehmen **6.** ausbreiten **7.** übernehmen **8.** lesen **9.** herunterladen **10.** schaffen
2. **1.** bekämpfen **2.** machen **3.** führen **4.** annehmen **5.** dazulernen **6.** orientieren **7.** erweitern **8.** umgehen **9.** informieren **10.** finden

Kapitel 5: Arbeitsblatt 6 (Seite 104)

1. *Beispiele:* **lernen:** Führungskompetenzen, Fremdsprachen, Wörter, etwas Neues
sammeln: Briefmarken, Daten, Erfahrungen
teilnehmen: (an einer) Sitzung, (an einer) Fortbildung, (an einem) Sprachkurs
finden: (eine) Zielgruppe, Kunden, (ein) Ziel, Tipps
erhöhen: Kreativität, Stress, Denkvermögen, Gehalt
besuchen: Kunden, ein fremdes Land, (eine) Sitzung, (eine) Fortbildung, (die) Tante, (einen) Sprachkurs
spielen: Gitarre, eine wichtige Rolle, Schach, Fußball
erreichen: Kunden, (sein) Ziel, (die) Tante, (einen) Intelligenzquotienten, gute Resultate

Kapitel 5: Arbeitsblatt 7 (Seite 105/106)

1. a **2.** g **3.** d **4.** k **5.** i **6.** f **7.** j **8.** e **9.** h **10.** b **11.** c

Kapitel 5: Arbeitsblatt 8 (Seite 107)

1. etwas zum Abschluss bringen, einen Antrag stellen, etwas zu Ende bringen/führen, eine Entscheidung treffen/zu einer Entscheidung kommen, Hilfe leisten, Hoffnung haben, Interesse haben an (+ D), Kritik üben an (+ D), eine Lösung finden, einen Beruf ausüben, eine Meinung haben, Maßnahmen ergreifen/treffen, ein Gespräch führen, Abschied nehmen, eine wichtige Rolle spielen, Verantwortung tragen/haben

Kapitel 5: Arbeitsblatt 9 (Seite108/109)

1. *Beispiele:* **1.** eine Fremdsprache, Rad fahren **2.** an einer Sitzung, an einem Kurs **3.** Tennis, Fußball **4.** ein Museum, eine Tante **5.** das Gehalt, das Tempo
2. **1.** Karin lernt im Liegen, damit ihr Kopf besser durchblutet wird. **2.** Rudolf geht in die Buchhandlung, um sich ein Buch über Managementstrategien zu kaufen. **3.** Heute Abend bleibe ich zu Hause, um meine Deutschhausaufgaben zu machen. **4.** Sie sollten an dieser Fortbildung teilnehmen, damit Sie sich über die neusten Lernmethoden informieren können. **5.** Wir sprechen jetzt nicht mehr, damit ihr in aller Ruhe weiterarbeiten könnt.
3. benotet, bekamen, war, lagen, bekamen, ergab, bewertet, wurden
4. **1.** denselben **2.** dieselben **3.** demselben **4.** dasselbe **5.** demselben **6.** denselben **7.** dieselben

Begegnungen B1⁺

5. 1. Hilfe leisten 2. etwas zum Abschluss bringen 3. eine Entscheidung treffen 4. eine Lösung finden 5. die Verantwortung haben/tragen

Kapitel 5: Arbeitsblatt 10 (Seite 110)
1. c 2. b 3. a 4. a 5. c

Kapitel 6: Arbeitsblatt 2 (Seite 112)
1. **richtig ist:** Fahrrad, rechts, Regen
2. **richtig ist:** 15 km, zur Arbeit, auf den Straßen
3. **richtig ist:** zweimal, Busse, Leute

Kapitel 6: Arbeitsblatt 7 (Seite 118)
unter, auf, im, auf, in, von, am, an, an, durch, an, um, an, in, mit, in, auf, ohne

Kapitel 6: Arbeitsblatt 8 (Seite 119)
1. **nach:** Asien, Schweden, Hamburg, Portugal **in:** das Restaurant, die Schweiz, die USA, das Kino, die Kirche, ein Museum, das Theater, den Supermarkt **an:** die Ostsee, den Rhein, die Küste, den Strand **auf:** die Kanarischen Inseln, die Zugspitze, eine schöne Insel, den Marktplatz **zu:** einer Freundin, meinem Onkel, Robert und Petra
2. *Beispiele:* in dem Museum, an der Küste, auf der Zugspitze, bei einer Freundin
3. *Beispiele:* **a)** Ich gehe jeden Tag ins Badezimmer. **b)** Man kann in einem Büro arbeiten. **c)** Ich würde gerne nach Lettland reisen. **d)** Ich gehe gerne zum Zahnarzt. **e)** In der Sauna fühle ich mich wohl.

Kapitel 6: Arbeitsblatt 9 (Seite 120/121)
1. 1. die Autobahn 2. der Fahrschein 3. der Rückspiegel 4. der Fahrkartenschalter 5. das Verkehrsmittel
2. 1. fahren, er fuhr, er ist gefahren 2. kaufen, er kaufte, er hat gekauft 3. hören, er hörte, er hat gehört 4. öffnen, er öffnete, er hat geöffnet 5. benutzen, er benutzte, er hat benutzt
3. 1. Bevor ich losfuhr, sah ich in den Rückspiegel. 2. Nachdem er ein neues Fahrrad bekam, fuhr er nie wieder mit dem Auto zur Arbeit. 3. Nachdem wir aus dem Urlaub zurückkamen, riefen wir unsere Freunde an. 4. Bevor meine Nichte eine Reise buchte, informierte sie sich über die Angebote. 5. Bevor unsere Freunde das Hotel verließen, schlossen sie ihr Zimmer ab.
4. 1. Mein Gepäck wird von mir im Kofferraum verstaut. 2. Der Sicherheitsgurt wird von mir angelegt. 3. Die Fahrprüfung wird von mir abgelegt. 4. Der Blinker wird von mir gesetzt. 5. Der Reifen wird gerade von uns/ihm/ihr gewechselt.
5. 1. über 2. Während 3. im 4. In 5. Am, um 6. zu, von 7. In, nach

Kapitel 7: Arbeitsblatt 2 (Seite 124)
siehe Kursbuch Seite 189, A4

Kapitel 7: Arbeitsblatt 3 (Seite 125)
1. Für, zu, Bei, unter, Trotz, in, in, Im, nach, zu, am, Trotz, in, am

Kapitel 7: Arbeitsblatt 6 (Seite 128)
2. getroffen 3. Können 4. erwartet 5. konzentrieren 6. Ist 7. geschlafen 8. läuft 9. tun 10. Haben 11. verlieren

Kapitel 7: Arbeitsblatt 9 (Seite 131/132)
1. 1. zuverlässig 2. flexibel 3. mutig 4. glücklich 5. intelligent 6. vernünftig 7. offen 8. verantwortlich 9. treu
2. 1. kann 2. verfolgen, machen 3. kündigte, reiste 4. gibt, ist 5. imponieren, leiden 6. spielt
3. 1. auf 2. auf 3. mit 4. auf 5. mit 6. über 7. zu 8. an 9. auf 10. für
4. 1. Wegen eines Unfalls 2. Außerhalb des Stadtzentrums 3. Mithilfe der Fernbedienung 4. innerhalb der nächsten zwei Wochen 5. Laut neuster Untersuchungen 6. Trotz des schlechten Wetters 7. Während meiner Reise 8. statt des alten T-Shirts
5. 1. weil 2. Obwohl 3. darum 4. deshalb 5. wenn

Kapitel 8: Arbeitsblatt 1 (Seite 134)
herzlich, früh, morgendlichen, gemeinsames, neuesten, armen, höher, ungesunder
perfekte, vollwertigen, frisch, wichtig, gut
interessanter, kleine, buntes

Kapitel 8: Arbeitsblatt 5 (Seite 142)
1. ,Das Parfüm' von Patrick Süskind (KB, S. 74) 2. Beim Musikhören erhöht sich die Speicherkapazität des Gehirns. Laut- und Leisezyklen entsprechen dem Grundmuster des Gehirns. (KB, S. 142) 3. Der haptische Lerner muss die Wörter selbst schreiben. (KB, S. 134) 4. Sie tranken ein großes Glas Wein. (KB, S. 217) 5. die Angst, Fehler zu machen; Konfliktvermeidung (KB, S. 198) 6. bis zu 200 Wörter (KB, S. 134) 7. Marianne kündigte ihren Job, kaufte sich eine Eigentumswohnung, ließ Verwandte und Freunde am Gewinn teilhaben und machte einige Reisen. (KB, S. 189) 8. 60 Prozent (KB, S. 11) 9. im Berliner Filmmuseum, Filmhaus (KB, S. 19) 10. 48 Exemplare (KB, S. 77) 11. seit 1650, erste Zeitung in Leipzig (KB, S. 101) 12. Neo Rauch ist ein zeitgenössischer Maler. (KB, S. 20/21) 13. der Wassermann (KB, S. 194) 14. sehr gut (1), gut (2), befriedigend (3), ausreichend (4), mangelhaft (5), ungenügend (6) (KB, S. 144) 15. am 15. Februar 1902 (KB, S. 161) 16. 10 bis 18 Bücher (KB, S. 72) 17. das Schwein (KB, S. 191) 18. ja, in geringem Umfang (KB, S. 43)

Begegnungen B1⁺

Kapitel 8: Arbeitsblatt 6 (Seite 143)

Die Meinung sagen: glaube, meine, Ansicht, Ansicht, Eindruck **Zustimmung:** Meinung, finde – genauso, damit – bin, richtig – haben **Ablehnung:** Meinung – zustimmen, einverstanden – dagegen, irren – überhaupt **Vorschläge machen:** würde – wäre, sollen – schlage, könntest, halte – finde, Stelle **Unsicherheit ausdrücken:** natürlich – möglich, vielleicht, sagen – Meinung, wirklich – Ahnung **Nach der Meinung fragen:** davon, bessere **Gefühle ausdrücken:** überraschend, hätte – erwartet, vorstellen

Kapitel 8: Arbeitsblatt 7 (Seite 144/145)

a) *Beispiele:* **2.** bekommen, er bekam, er hat bekommen **3.** absolvieren, er absolvierte, er hat absolviert **4.** machen, er machte, er hat gemacht **5.** abschließen, er schloss ab, er hat abgeschlossen **6.** besuchen, er besuchte, er hat besucht **7.** schreiben, er schrieb, er hat geschrieben **8.** gehen, er ging, er ist gegangen

b) *Beispiele:* **1.** kochen, er kochte, er hat gekocht **2.** schneiden, er schnitt, er hat geschnitten **3.** putzen, er putzte, er hat geputzt **4.** braten, er briet, er hat gebraten **5.** kaufen, er kaufte, er hat gekauft **6.** stellen, er stellte, er hat gestellt **7.** waschen, er wusch, er hat gewaschen **8.** bestellen, er bestellte, er hat bestellt **9.** bitten, er bat, er hat gebeten **10.** einladen, er lud ein, er hat eingeladen

c) *Beispiele:* **1.** surfen, er surfte, er hat gesurft **2.** spielen, er spielte, er hat gespielt **3.** treiben, er trieb, er hat getrieben **4.** ansehen, er sah an, er hat angesehen **5.** machen, er machte, er hat gemacht **6.** sprechen, er sprach, er hat gesprochen **7.** liegen, er lag, er hat gelegen **8.** gehen, er ging, er ist gegangen **9.** lesen, er las, er hat gelesen **10.** sammeln, er sammelte, er hat gesammelt

d) *Beispiele:* **1.** anprobieren, sie probierte an, sie hat anprobiert **2.** fragen, er fragte, er hat gefragt **3.** informieren, er informierte sich, er hat sich informiert **4.** zahlen, er zahlte, er hat gezahlt **5.** reparieren, er reparierte, er hat repariert

e) *Beispiele:* **1.** entwickeln, er entwickelte, er hat entwickelt/einführen, er führte ein, er hat eingeführt **2.** betreuen, er betreute, er hat betreut/bedienen, er bediente, er hat bedient **3.** telefonieren, er telefonierte, er hat telefoniert **4.** schreiben, er schrieb, er hat geschrieben/senden, er sandte, er hat gesandt **5.** führen, er führte, er hat geführt **6.** vereinbaren, er vereinbarte, er hat vereinbart **7.** sparen, er sparte, er hat gespart/verdienen, er verdiente, er hat verdient/investieren, er investierte, er hat investiert **8.** arbeiten, er arbeitete, er hat gearbeitet **9.** machen, er machte, er hat gemacht **10.** lernen, er lernte, er hat gelernt/unterrichten, er unterrichtete, er hat unterrichtet

f) *Beispiele:* **1.** führen, er führte, er hat geführt **2.** buchen, er buchte, er hat gebucht **3.** übernachten, er übernachtete, er hat übernachtet **4.** fahren, er fuhr, er ist gefahren/reisen, er reiste, er ist gereist **5.** stehen, er stand, er hat gestanden **6.** hören, er hörte, er hat gehört **7.** machen, er machte, er hat gemacht **8.** besichtigen, er besichtigte, er hat besichtigt **9.** schreiben, er schrieb, er hat geschrieben **10.** kaufen, er kaufte, er hat gekauft